小学校 図工 指導スキル大全

授業力アップのための必須スキルを**60本**収録！

岡田京子 編著

明治図書

はじめに

『明日，図画工作科の授業がある』
そう思ったとき，
「子供たちは，どんなことを考えるかな」
「あの作品は，これからどうなっていくのかな」
「どんな表し方の工夫をするのかな」
「導入はこうしようかな」
と，楽しみにする先生方がいます。
「あー，苦手なんだよな」
「指導といってもどうしたらいいかよく分からないし」
「正解がないから困る」
と，少しテンションが下がる先生方もいます。
「次はこれをやらせて，そしてこうさせて，はい，出来上がり」
と，手順だけが頭に浮かぶ，でも
「本当にこれでいいのだろうか」
と立ち止まって考えている先生方もいるでしょう。

　図画工作科のスキルについて学びたい，考えたいと思ってこの本を手に取った時点で，どの先生も図画工作科の指導改善の充実の第一歩を踏みだしたことになります。
　なぜなら，「図工？　画用紙配って絵をかかせておけばいいのよ」「子供はそれぞれの感性をもっているから，教師がいろいろ言わない方がいいのよ，だから何もしないわ」はたまた「他の教科の指導で手いっぱい」ということではないからです。
　図画工作科の授業を充実させようと思い，何があるだろうと探す。題材事例集というものもありますが，図画工作科の授業に必要な指導のスキルを学

ぼうとする。そこにはきっと思い浮かべる子供たちがいます。目の前にいる子供たち，これから出会う子供たち。あの子供たちにこうしてあげたい，資質・能力が身に付くようにしてあげたい，子供たちに，夢中になる図画工作科の時間を味わってほしい。そういう授業をしてみたい。

　この気持ちが一番大切です。

　しかし，授業への熱意と子供たちへの愛情だけでは，授業は充実しません。指導方法，材料や用具の知識，例示できるぐらいのある程度の技術，子供の様子から資質・能力を捉える力などが必要なのです。

　これだけではありません。外部と折衝する力，学年で調整する力，事前に必要なものを注文する力なども必要であり，挙げはじめたらきりがないほど，スキルが必要なのです。

　本書は，全国各地区の先生が，子供に，図画工作科に，真摯に向き合い，考え実践してきたことがスキルとして紹介されています。どの事例からも，主体的に学習に取り組んでいる子供の姿が見え，そこに行き着くまで，様々なことに取り組んできた先生方の姿が見えてきます。

　本書を「私だったらどうするだろう」と考えるきっかけにして，授業改善に取り組んでいただけたら幸いです。

2019年3月

岡田　京子

Contents

はじめに 2

Chapter 1 図工授業に欠かせない指導スキルのポイント

❶図画工作科の授業に必要な指導スキルとは ・・・・・・・・・・・・・・・・・・・・・・・ 10
❷図画工作科の指導スキルのポイント ・・・・・・・・・・・・・・・・・・・・・・・・・・・・・ 12

Chapter 2 図工授業の指導スキル60

指導計画

❶指導のねらいを明確にするスキル ・・・・・・・・・・・・・・・・・・・・・・・・・・・・・・・ 24
❷育成を目指す資質・能力や子供の姿から題材を考えるスキル ・・・・・・・・ 28
❸年間を見通してバランスよく題材を配置するスキル ・・・・・・・・・・・・・・・ 32
❹教科書等の題材のねらいを理解して授業に生かすスキル ・・・・・・・・・・・ 34

授業準備

❺題材に合った場所を設定するスキル ・・・・・・・・・・・・・・・・・・・・・・・・・・・・ 36
❻ねらいに応じた材料や用具を準備するスキル ・・・・・・・・・・・・・・・・・・・・ 40
❼教師が事前にやってみて見通しをもつスキル ・・・・・・・・・・・・・・・・・・・・ 42
❽学校内で用具や場所を調整するスキル ・・・・・・・・・・・・・・・・・・・・・・・・・ 44

導　入

❾導入で端的に提案するスキル ・・・・・・・・・・・・・・・・・・・・・・・・・・・・・・・・・ 46
❿導入で子供の「やってみたい！」を引きだすスキル ・・・・・・・・・・・・・・ 48
⓫導入で子供が活動の見通しをもてるようにするスキル ・・・・・・・・・・・・ 50
⓬導入で安全指導を確実に行うスキル ・・・・・・・・・・・・・・・・・・・・・・・・・・・ 52

活動支援や声かけ

- ❸子供同士の関わり合いを促すスキル 54
- ❹活動のよいところを見付けるスキル 56
- ❺活動のよいところを伝える声かけのスキル 58
- ❻動きだせない子供への働きかけのスキル 60
- ❼時間がかかりすぎる子供に見通しをもたせるスキル 62

終末や振り返り

- ❽やってよかったと思う振り返りにするスキル 64
- ❾分かりやすい片付けの指示をするスキル 66
- ❿子供同士が協力して片付けられるようにするスキル 68
- ⓫振り返りで他教科や他の活動につなげるスキル 70

評　価

- ⓬ねらいに照らして評価するスキル 72
- ⓭活動の様子を写真で記録して評価に生かすスキル 74
- ⓮活動中の様子から資質・能力を捉えて評価するスキル 76
- ⓯完成作品から視点を定めて資質・能力を捉えて評価するスキル 78

造形遊びの授業

- ⓰造形遊びでねらいに照らした材料や場所を設定するスキル 80
- ⓱造形遊びで子供が活動を思い付く導入をするスキル 82
- ⓲スムーズに造形遊びの片付けをするスキル 84
- ⓳子供の資質・能力を捉えた造形遊びの評価のスキル 86

絵や立体，工作の授業

㉚ 見付けたことや方法を試せる環境をつくる絵や立体，工作のスキル --- 88
㉛ 前学年までの経験を踏まえた絵や立体，工作の題材設定のスキル ---- 90
㉜ 表したいことが見付かる絵や立体，工作の題材提示のスキル -------- 92
㉝ 絵に表す題材の指導スキル -------------------------------- 94
㉞ 立体に表す題材の指導スキル ------------------------------ 98
㉟ 工作に表す題材の指導スキル ------------------------------ 102

鑑賞の授業

㊱ 表現と鑑賞を関連付けるスキル ---------------------------- 106
㊲ 作品提示で鑑賞への興味を引きだすスキル ------------------- 110
㊳ 地域の施設と連携した鑑賞の授業のスキル ------------------- 112
㊴ 能動的で創造的な鑑賞の時間をつくるスキル ----------------- 114

ICT 活用

㊵ デジタルカメラを活用するスキル --------------------------- 116
㊶ ビデオカメラを活用するスキル ----------------------------- 118
㊷ プロジェクター・テレビ画面を活用するスキル ---------------- 120
㊸ タブレット端末を活用するスキル --------------------------- 122

材料や用具の使い方指導

㊹ はさみの使い方に慣れるようにするスキル ------------------- 124
㊺ のりの使い方に慣れるようにするスキル --------------------- 126
㊻ カッターナイフの使い方に慣れるようにするスキル ------------ 128
㊼ 水彩絵の具の使い方に慣れるようにするスキル --------------- 130
㊽ のこぎりの使い方に慣れるようにするスキル ----------------- 132
㊾ 金づちの使い方に慣れるようにするスキル ------------------- 134
㊿ 糸のこぎりの使い方に慣れるようにするスキル --------------- 136

作品展示

- ㉛平面作品を効果的に展示するスキル ---------- 138
- ㉜立体作品を安全に見やすく展示するスキル ---------- 140
- ㉝展示する場所を生かした活動をするスキル ---------- 142
- ㉞評価につながる名札づくりのスキル ---------- 144

作品保管

- ㉟平面作品を効率的に保管するスキル ---------- 146
- ㊱立体作品を効率的に保管するスキル ---------- 148
- ㊲作品やプリントを状態よく効率的に保管するスキル ---------- 150

図工室経営

- ㊳図工室の環境を整えるスキル ---------- 152
- ㊴安全な図工室をつくるルールづくりのスキル ---------- 154
- ㊵感性の働く図工室をつくるスキル ---------- 156

おわりに　158

Chapter 1

図工授業に欠かせない指導スキルのポイント

1
図画工作科の授業に必要な指導スキルとは

　図画工作科の指導では，「はじめに」でも触れたように，目の前にいる子供たち，これから出会う子供たちに向ける気持ちが一番大切ですが，図画工作科を指導することへの熱意と子供たちへの愛情だけでは授業は充実しません。それには，図画工作科の授業に必要な様々な指導のスキルが必要です。

　本書では，「指導計画」，「授業準備」，「導入」，「活動支援や声かけ」，「終末や振り返り」，「評価」，「造形遊びの授業」，「絵や立体，工作の授業」，「鑑賞の授業」，「ICT活用」，「材料や用具の使い方指導」，「作品展示」，「作品保管」，「図工室経営」という項目に沿って60のスキルについて取り上げます。

　その前に，共有しておきたいことがあります。
　このような図画工作科の授業に必要な指導のスキルを身に付けようとするとき，前提として，子供の姿にしっかり目を向けることが重要だということです。
　子供たちが何を感じ，考えているかを，身を重ねるようにして，感じ取ること，これを何度も何度も繰り返すことです。子供の実態から離れてしまう授業とならないように，常に目の前の子供を見つめ続けることです。
　これは，どの指導のスキルにも関連することで，図画工作科の指導の充実の秘けつといっても過言ではないと思います。指導過多や放任ではなく，子供が表したいことを自分で見付けたり，表し方を工夫したりし，夢中になって活動する授業ができるようになるために，ぜひ心に留めてください。
　そして，それぞれの先生がそれぞれの先生のよさを生かして，授業を創意工夫しましょう。子供の創造性は，教師の創造性なくしては育成できないと

いうぐらいの気持ちで,ご自身の授業をつくりだしてほしいと思います。

14の項目や60のスキルついてですが,それぞれの項目やスキルについて次の3つのことを意識してみるとよいでしょう。

1つ目は,その項目の中には,様々なスキルがあるということを理解することです。例えば「導入」といっても,様々なスキルが必要になってきます。どんなスキルが必要なのか考えることです。

2つ目は,それらのスキルを身に付けることによって,教師としてこんなふうになる,こんなことができるようになるということをイメージすることです。なりたい自分になれるように,イメージしてみましょう。

3つ目は,さらに図画工作科の指導の場面だけではなく,他の場面で,教師としてこんなふうになる,こんなことができるようになるかもしれないと考えることです。図画工作科の授業に必要な指導のスキルは,幅広いものであり,先生方が教師として生きていく上で必要になるものです。そのことを意識しましょう。

次ページから始まる「図画工作科の指導スキルのポイント」では,この3つの視点に沿ってポイントを述べます。

(岡田　京子)

❷ 図画工作科の指導スキルのポイント

①「指導計画」のポイント

　他の教科等の指導ももちろんそうだと思いますが，図画工作科の指導は，行き当たりばったりではできません。図画工作科は，特に事前の計画が重要な教科です。

　「指導計画」には，年間指導計画，題材の指導計画などがあります。年間を見通してバランスよく題材を配置すること，6年間を見通した指導計画や，幼児期や中学校へのつながりも踏まえること，子供が興味や関心をもつ楽しい題材を考えること，育成を目指す資質・能力を踏まえ，授業のねらいを明確にすることなどが大切です。

　これらのスキルを身に付けることにより，例えば，一回一回の授業が単発ではなく，図画工作科の教科の目標を実現するための，子供の資質・能力を育成するための，貴重な1回の授業なのだという意識をもつようになります。すなわち，一時間一時間の授業を大事にするようになります。先の見通しが立っているので，気持ちに余裕をもち子供に接することができるようになります。

　さらに，他教科等の指導計画についても考えるようになり，カリキュラム全体を見渡し指導計画を練ることができるようになります。新学習指導要領でも重要なこととして示されている，カリキュラム・マネジメントができるようになるのです。

②「授業準備」のポイント

　準備にどれだけかけるか，時間だけではなく，心を配ることができるかと

いうことが，図画工作科の指導に大きく影響します。

「授業準備」は，常に子供の姿を想定しながらすること，このことに尽きます。その上で，日々の忙しい時間の中で，授業準備の時間をしっかり設定することです。具体的には，教師が事前にやってみること，学年で調整すること，指導のねらいや子供の動きを想定して材料や用具，場の設定をすること，学校内で用具や場所を調整すること，物品を注文すること，持ち物を事前に子供に伝え，用意するようにすることなどが大切です。

これらのスキルを身に付けることにより，例えば，目の前に子供がいなくても，子供の姿を想定できるようになります，余裕をもって授業に臨むようになり，活動の見通しをもち，自信をもって指導できるようになります。学年で相談もするようになるでしょう。

さらに，他教科等の授業も見通しをもって準備できるようになります。学年での関係がよくなり，保護者との関係もよくなります。図画工作科のスキルを身に付けることは，実はこうして他教科等の授業や学級経営などにもつながっているのですね。

③「導入」のポイント

図画工作科において導入をどうするか，これは一番関心の高いところだと思います。こういう題材ではこうしなければならないということはなく，教師の創意工夫を生かし，教師自身が楽しい気持ちで行うようにしたいものです。

「導入」は，子供が興味や関心をもつような導入にすること，今日学習することを全ての子供が分かるようにすること，時間が長くならないようにすること，手順や説明ばかりにならないこと，子供が資質・能力の視点で活動の見通しをもてるようにすること，適切な安全指導を行うことなどが大切です。

これらのスキルを身に付けることにより，例えば，授業準備ともつながりますが，図画工作科の授業に余裕をもって臨めることになります。気持ちに

余裕があるので，自分の導入でどれだけの子供が興味や関心をもつかが分かるようになります。教師自身が導入の様々なかたちを試し，子供の反応を楽しむようになります。さらに，導入だけが大切なのではなく，展開も，終末も大切なのだということが分かってきます。

　さらに，他の授業でも導入の方法を工夫するようになり，他教科等の授業研究などで，導入の工夫と子供の様子を見比べ，授業について深く洞察できるようになります。導入についてのスキルをもつことは，他教科等の指導の充実にもつながるのです。

④「活動支援や声かけ」のポイント

　「声かけはどうしたらよいのですか？」という質問は先生方からとても多く受けます。「導入はしたけれど，その後，子供にどう接したらよいか？」ということを先生方が大事に考えているということだと心強く感じています。

　「活動支援や声かけ」で大切なことは，まずは子供の姿をよく見ることです。見るといっても，ただそこにいる子供を見るというのではなく，指導のねらいとつなぎ合わせて，子供の表情，体の動き，しぐさ，視線，言葉などを捉え，考え合わせることです。その上で，子供が頑張っていることや大切にしていることに関して声をかけること，安易に断定はしないこと，子供と子供をつなぐような声かけをすること，よさを見付けること，活動が停滞している子供や時間の予測が立たない子供，時間がかかりすぎる子供への指導や声かけについて考えること，声をかけるタイミングを見計らうこと，自信をもたせることが大切です。他にうまくいかなくても次はこうしようと思える声かけをすることなども大切です。

　これらのスキルを身に付けることにより，例えば，一人一人の子供に対しての細やかな指導ができるようになり，子供としっかりコミュニケーションがとれるようになります。

　さらに，子供との関係がよくなることによって，他教科等での声かけもできるようになり，学級経営もうまくいくようになるのです。図画工作科で学

級経営が充実したという先生方の声はよく聞きます。

⑤「終末や振り返り」のポイント

　導入と同じように，終末や振り返りも重要な時間です。終わりは次の始まりにつながっています。導入と同じぐらい，終わり方について考えることが重要です。

　「終末や振り返り」は，資質・能力の視点で振り返ること，やってよかったなと思える振り返りをすること，次の授業につながる終わり方をすること，片付けの時間をとり，分かりやすい片付けの指示をすること，協力して片付けることなどが大切です。

　これらのスキルを身に付けると，例えば，学習活動全体を見通すようになり，何ができるようになったかを把握することができるようになります。これは，ねらいを明確にすることにつながります。

　さらに，他教科等との関連を考えるようになると，カリキュラム全体を見渡し指導できるようになります。子供の学習がより充実するのです。

⑥「評価」のポイント

　評価で大切なことは，指導したことを評価するということです。指導した自分だけが，評価ができるのだというぐらいの気持ちで挑んでほしいと思います。

　「評価」は，子供への評価と授業への評価があることを知ること，子供の学習の過程をよく見て活動の過程から評価すること，ねらいに照らし合わせて評価すること，評価規準を立てること，評価方法や評価の時期（タイミング）を考えること，学習の過程での評価と合わせて完成作品からも評価できるようにすることなどが大切です。

　これらのスキルを身に付けると，例えば，子供をもっと見ようと思うようになり，子供のことがこれまでより分かるようになります。指導と評価を結び付けるようになり，指導を改善することができるようになります。自信を

もって指導し，楽しい図画工作科の授業を展開するようになります。子供は図画工作の時間を心待ちにするようになるでしょう。

さらに，他教科等においても学習の過程の子供の姿から評価できるようになり，自分の指導全体を見直すことができるようになるのです。

⑦「造形遊びの授業」のポイント

表現の活動は，造形遊びをする活動と，絵や立体，工作に表す活動があります。表現ではこの2つの活動を通して，資質・能力を育成するのです。

「造形遊びの授業」では，指導のねらいを理解すること，系統性を考えること，材料や場所を考えること，子供が造形的な活動を思い付くような導入をすること，過程を捉えること，造形遊びの評価の仕方を考えること，時には他の学年に見てもらうような設定も考えること，片付けの手順を考えること，教師も子供と一緒に楽しむことなどが重要です。

これらのスキルを身に付けると，例えば，表現の指導全体に自信をもつことができるようになります。一人一人の子供が見えてきて，子供のよさや可能性を実感するようになります。できないと思っていてもやってみたらできるということを，子供の姿から感じ取り，授業を創意工夫し，子供にとって楽しい，意味ある授業を設定するようになります。

さらに，他教科等の授業でも子供の実感から設定できることがあるのではないかと，子供の学びについて考えることができるようになるのです。教師自身が自分も何かやってみようという気持ちになります。これは教師としてとても大切なことです。

⑧「絵や立体，工作の授業」のポイント

造形遊びと比べて，このスキルや情報をもっている教師は多くいると思いますが，それらを資質・能力の育成に向けて捉え直すことが重要です。

「絵や立体，工作の授業」では，前述の造形遊びをする活動と同じように指導のねらいを明確にすること，前学年までの経験を把握し，それを生かす

ことのできる授業設定をすること，子供が表したいことを見付けられる授業設定をすること，系統性を踏まえること，最初にある強いイメージを実現していくような題材だけでなくだんだんと表したいことが見付かるような題材もあるということを知ること，やり直しのきくような設定をすることなどが大切です。

　これらのスキルを身に付けると，例えば，自分の指導に自信をもつようになります。教師が指示してばかりで一見見栄えのよい作品と，子供が考え工夫しながら資質・能力を身に付けた作品との違いが分かるようになります。

　さらに，子供の今を大切にできるようになり，保護者へも自信をもって子供のよさや可能性を伝えることができるようになるのです。

⑨「鑑賞の授業」のポイント

　図画工作科の学習は，感じたことや想像したことなどを造形的に表す「表現」と，作品などからそのよさや美しさなどを感じ取ったり考えたりして，自分の見方や感じ方を深める「鑑賞」の２つの活動によって行われます。表現する活動だけではなく，鑑賞する活動も充実することが大切です。

　「鑑賞の授業」では，鑑賞の対象を決めること，能動的な鑑賞となるようにすること，表現と鑑賞を関連付けること，言語活動を適切に設定することなどが大切です。さらに，製作に集中しているときに無理に鑑賞を設定しないこと，作品を掲示すること，見ることを楽しめる授業設定をすること，ワークシートを工夫すること，美術館などの利用，それらとの連携なども大切です。

　これらのスキルを身に付けると，例えば，図画工作全体の指導に自信をもち，より一層，表現と鑑賞の関連を図るようになります。子供が様々なことを考えたり感じ取ったりしていることに気付き，もっと子供を見たくなります。

　さらに，他教科等でも，子供と対話をしながら学習を深めるようになります。教師自身も鑑賞する楽しさに目覚め，いろいろな作品を見たくなります。

様々な考え方，世界，多様な価値観があることを知り，多様性を尊重するようになります。人生が楽しくなりますね。

⑩「ICT活用」のポイント

学校では，デジタルカメラ，タブレット，プロジェクター，テレビなどのICTが活用されています。ICTは，子供の資質・能力の育成のために効果的に活用することが重要です。

「ICTの活用」では，子供が実際に活用するICTと，教師が指導に活用するICTとがあることを知ること，子供の資質・能力を育成するためにICTを活用すること，必要性を十分に検討して活用すること，情報を共有すること，準備を十分にすることなどが大切です。

これらのスキルを身に付けると，様々な学習の方法の中で，どれが適切か，何が必要なのかを検討するようになり，教師が教える場面と子供が考える場面について考えるようになります。

さらに，他教科等の時間でもICTを活用できるようになります。合理的に指導できることと，合理性だけを考えて簡略化してはいけないことの区別ができるようになります。それぞれの教科等の本質に気付くようになります。

⑪「材料や用具の使い方指導」のポイント

学習指導要領では，扱う材料や用具を次のように示しています。

第3　指導計画の作成と内容の取扱い

(6)　材料や用具については，次のとおり取り扱うこととし，必要に応じて，当該学年より前の学年において初歩的な形で取り上げたり，その後の学年で繰り返し取り上げたりすること。

ア　第1学年及び第2学年においては，土，粘土，木，紙，クレヨン，パス，はさみ，のり，簡単な小刀類など身近で扱いやすいものを用いること。

> イ 第3学年及び第4学年においては，木切れ，板材，釘（くぎ），水彩絵の具，小刀，使いやすいのこぎり，金づちなどを用いること。
> ウ 第5学年及び第6学年においては，針金，糸のこぎりなどを用いること。

　材料や用具の使い方では，上記の材料や用具の扱い方を知ることが重要ですが，その際，実際に事前にやってみることが欠かせません。

　これらのスキルを身に付けると，例えば，的確にその授業で必要な材料や用具を準備するようになります。扱い方が分かるだけではなく，「技能」のもう一つの柱である「表し方を工夫して表すこと」に指導の意識を向けることができるようになります。困っている子供への指導や助言ができるようになり，適切な安全指導ができるようになります。

　さらに，材料や用具の使い方の指導が充実することで，子供たちは他教科等でも様々な材料や用具を扱えるようになります。授業だけではなく，学校の様々な場面で，適切な材料や用具を使っていろいろなものをつくることへつながっていきます。

⑫「作品展示」のポイント

　図画工作科では，様々な作品が生まれます。それを展示することは，学習の成果を子供自身が振り返るだけではなく，友達の作品を見て感じ取ったり考えたりする時間になり，資質・能力を育成することにつながります。

　「作品展示」では，平面作品，立体作品，共同作品など，作品の形態等によって展示を工夫することが大切です。展示する場所を考えること，名札や説明を工夫すること，展示する期間を決めること，子供が友達の作品を大切にするための指導をすること，さらに，学校外に作品展示をして保護者や地域の人にも見ていただくこと，自分たちの作品だけではなく美術作品，地域や保護者，中学生の作品などを展示することなども大切です。

これらのスキルを身に付けると，教師がより子供の作品を大切にすることができるようになり，その作品が生まれた過程に目を向けるようになります。子供のことをより一層大切にするようになります。

　さらに，学校内の場所に目を向け，学校としての鑑賞の環境について考え，作品の展示を充実させるようになります。学校の中で他の先生方とコミュニケーションをとりながら影響を与えるような存在の教師になっていくのです。

⑬「作品保管」のポイント

　子供が表現したものは，子供そのものです。子供が表現している途中の作品，出来上がった作品をどのように保管するかについて考えることは，子供を大切にすることなのです。

　「作品保管」については，平面作品，立体作品，共同作品など様々な形態のものを保管する方法，学級数の多い学校でクラスごとに保管する方法，子供が自分で作品を探せるような保管の方法，学期末まで保管する方法，作品を持ち帰る方法などについて考えることが大切です。

　これらのスキルを身に付けると，教師自身が，ものを丁寧に扱うようになります。専科の先生は授業の始まる前にそのクラスの作品を探すなどして慌てなくなります。これは子供にも影響します。1年間の見通しをもつようになります。

　さらに，他教科等での子供たちの製作物についても同じように大切に保管できるようになります。教師自身の校務における文書の保管についても同様です。「作品（＝大切なもの）をどう保管するか」ということは，教師として働くに当たって想像以上に大切なスキルなのです。

⑭「図工室経営」のポイント

　全国には，担任の教師が指導する学校，専科の教師が指導する学校があります。

それによって図工室の経営方法は多少違ってくると考えられますが，教科の目標を実現できる場所，子供の資質・能力を育成できる場所にすることが重要です。
　「図工室経営」は，図工室を楽しい場所にすること，材料や用具を使いやすく安全に保管すること，図工室の約束を決めること，管理がしやすいよう整理すること，感性や想像力の働く場所にすることなどが大切です。
　これらのスキルを身に付けると，子供たちにとってどのような環境がよいのか考えるようになり，子供を受けとめる場所にしようという意識が強くなります。安全についても常に意識できるようになります。
　さらに，図工室だけでなく，学校内の他の場所についても考えられるようになります。子供が場所によって気持ちを切り替えることができることが分かり，それを利用できるようになり，他教科等の指導も充実します。

　これらの「図画工作科の指導スキル」を身に付けた教師から指導される子供たちは，図画工作科で育成を目指す資質・能力を身に付け，今日はどんなことをしようかと，図画工作科の時間が待ち遠しくなります。次の題材は何だろうと期待し，やってみようという気持ちがむくむくと湧いてきます。先生が自分のことを見ていてくれると感じ，落ち着いて自分で考えられるようになります。自分のやっていることに自信をもち，自分の学習を振り返り，自分のよさや成長を感じ，よし次はこうしよう，今度はもっとこうしよう，という主体性をもつようになります。自分のできることやいいところが分かり，自己肯定感が高まります。友達の活動や作品のよさも分かるようになり，学ぶことが楽しくなります。学校が楽しくなるのです。

　そして，楽しく豊かな人生を送ることができるようになるのです。

　教師が身に付ける指導のスキルは様々なことにつながり，教師自身も変わり，子供も変わっていくのです。

さあ，子供の姿を思い浮かべ，「私だったらどうするだろう」と考えながら，具体的なスキルについて探っていきましょう。

(岡田　京子)

Chapter 2

図工授業の指導スキル 60

指導計画

指導のねらいを明確にするスキル

POINT
❶年間や2学年を見通した指導計画を作成する
❷主体的・対話的で深い学びの視点から授業改善する
❸〔共通事項〕を押さえる
❹1回の授業を見通す

　どの教科等においても，授業のねらいは大切なものです。当然，図画工作科でも重要であることに変わりはありません。子供たちが楽しく活動できるようにすることは大切なことですが，「活動あって学びなし」となっては本末転倒です。授業を行う際は，授業のねらいを明確にもって臨む必要があります。曖昧なねらいで授業を行うと，何を目指している授業なのか，どんな資質・能力を育成しようとしているのか，授業自体も曖昧なものになってしまいます。では，授業のねらいをどのように設定すればよいのでしょうか。それは当然，どんな資質・能力を育成するのかにかかってきます。育成を目指す資質・能力は，「知識及び技能」「思考力，判断力，表現力等」「学びに向かう力，人間性等」です。この資質・能力を育成するために，授業の中でねらいをどのように位置付け，展開していくのかが重要です。それには，1時間の授業だけで考えるのではなく，題材全体，学期ごと，1年間，2学年間，6年間，幼児期，中学校を見通して考える必要があります。そのために年間指導計画や題材の指導計画を作成します。作成に当たっては，学習指導要領や各都道府県等の作成物，各学校の教育目標，子供の実態，施設・設備，学校行事，地域の特色等を加味する必要があります。

①年間や2学年を見通した指導計画を作成する

　小学校学習指導要領（平成29年告示）解説図画工作編「第4章　指導計画の作成と内容の取扱い」においても，教科の目標や各学年の目標の実現を目指すことが示されており，表現や鑑賞の活動を通して，子供たちの資質・能力を育成することが重要であることが分かります。そのためには，創意工夫をして年間指導計画を作成する必要があります。また，2学年間を見通して，指導計画を作成することも重要です。例えば，中学年の2年間を見通したとき，のこぎりを使う題材を3年生で設定した場合，4年生では，金づちや釘を使う題材を設定することが考えられます。またその逆も考えられます。

②主体的・対話的で深い学びの視点から授業改善する

　今回の学習指導要領の改訂でどの教科等においても資質・能力の育成に向けて子供の「主体的・対話的で深い学び」の実現を図るように示されています。年間指導計画や題材の指導計画を作成する際は「主体的・対話的で深い学びの実現に向けた授業改善」にも配慮する必要があります。「主体的な学び」については見通しや振り返りが改善の視点となります。「やってみたい」「やってよかった」と思えるような題材を年間指導計画に位置付けていくことが重要です。「対話的な学び」については，教師と子供の対話だけでなく，子供同士や地域の方との対話等が視点となります。「深い学び」については「造形的な見方・考え方」を働かせることが重要になります。「造形的な見方・考え方」は，形や色などの造形的な視点で材料や作品，出来事などを捉え，自分のイメージをもち，意味や価値をつくりだすことです。子供一人一人が「造形的な見方・考え方」を働かせるような授業をすることが大切です。

③〔共通事項〕を押さえる

　平成20年の学習指導要領から〔共通事項〕が示されました。〔共通事項〕

は，表現及び鑑賞の活動において共通に必要となる資質・能力です。また，図画工作科の全ての学習に含まれる内容でもあります。今回の改訂では，アが知識に関する事項，イが思考力，判断力，表現力等に関する事項であることが示されました。また，中学校美術科においても〔共通事項〕は示されており，図画工作科と美術科において一貫して育成することに配慮する必要があります。年間指導計画を作成する際は，この〔共通事項〕も考慮する必要があります。

各題材における〔共通事項〕が何なのかを明確にし，指導計画に示していく必要があります。

④ 1回の授業を見通す

年間の指導計画や題材の指導計画を基に，1回の授業での育成を目指す資質・能力を明確にする必要があります。また，その資質・能力に応じた授業での導入，展開（指導と評価），まとめ（振り返り）が重要となります。導入においては，次のようなことを伝えることが考えられます。

●導入で伝えること
　①本時の目標
　②活動の概要
　③発想や構想，技能についての手掛かり
　④材料や用具の使い方
　⑤安全指導
　⑥活動の見通し（1時間または題材全体）

毎時間この全てを子供たちに伝えるというわけではありませんが，本時の目標（本時で育成を目指す資質・能力）は，明確に伝えることが重要です。しかし，導入ばかりに時間をかけてしまうと，肝心な活動の時間が削られてしまいます。導入の時間は長くても10分以内にするとよいでしょう。そのためには，子供たちに伝えるべき内容をその時間に合わせて精選することが

重要です。
　展開においても，育成を目指す資質・能力を軸にどのような指導をするのかを考える必要があります。

●教師の指導と評価
　○子供の活動を見守る
　　・子供の作品（活動）を見取る。
　　・子供の思考を見取る。
　　　（子供は考えているのか，困っているのかを見極める）
　○対話する
　　・子供の考えていることを理解する。
　　・子供の活動を価値付け・意味付けする。
　　・子供の考えていることを整理する。
　　・子供の考えを引きだす。

　子供たち一人一人の活動を見取り，本時で育成を目指している資質・能力に沿った見取りや声かけが必要となります。
　そして，まとめにおいては，本時で育成を目指した資質・能力を視点に振り返りを行うようにします。子供一人一人が1時間の活動を振り返るようにします。子供自身が，「やってよかった」「こんなことができた」と思えるようにすることが大切です。

（廣田　和人）

2 育成を目指す資質・能力や子供の姿から題材を考えるスキル

指導計画

POINT
❶ 子供の実態，育成を目指す資質・能力を考える
❷ 子供の姿を思い浮かべて題材を考える
❸ 題材を実施し，反省，改善を行う

　育成を目指す資質・能力は，「知識及び技能」「思考力，判断力，表現力等」「学びに向かう力，人間性等」です。この資質・能力や子供の実態から題材を考えることで，題材のねらいが明確になるといえます。ここでは，中学年の題材を例にして，考えてみます。
第4学年「ミラーでミラれるすてきな世界」
A表現（1）イ（2）イ，B鑑賞（1）ア，〔共通事項〕（1）ア，イ
工作に表す活動（4～6時間扱い）
　鏡のようになっている紙（ミラーペーパー）を使い，鏡に映すことから表したいことを見付ける学習です。

 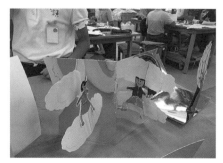

①子供の実態，育成を目指す資質・能力を考える

　ここで重要なことは，子供たちの実態を把握し，どんな資質・能力を育成するのかを考えることです。そして，子供たちのよりよい成長につなげることが大切です。

　○子供の実態
　　・子供はどんなことに興味・関心をもっているのか。
　　・子供のよさや課題は何か。
　○育成を目指す資質・能力
　　・どの資質・能力を重点に置くか。

　中学年の子供は，表現する活動や鑑賞する活動に積極的であり，想像して表したいことを見付けたり，表し方を工夫したりすることにも意欲を示す子供が多くなります。この題材では，さらに思考力，判断力，表現力等の育成を図ります。

②子供の姿を思い浮かべて題材を考える

　ここで大切なことは，子供の実態や育成を目指す資質・能力から，領域や題材の内容を考えることです。教師が題材の全て（材料，表したいこと，表現方法，製作手順など）を考えてしまっては，子供たちの資質・能力は育成されません。教師が言ったことをその通りに製作するだけの題材となってしまい，教師の作品となってしまうといってもいいでしょう。逆に教師が何も教えず，全て子供の言う通りに題材を設定しても子供たちの資質・能力は育成されません。教師が何を教えて，子供たちに何を考えさせるのか，バランスが重要です。

　○領域
　　・造形遊びをする活動，絵や立体，工作に表す活動，鑑賞する活動のうちどの領域にするか。
　○題材の内容

・何を教師が教えて，何を子供が考えるようにするか。

・材料や用具，場所，時間等

子供の実態から，低学年で培った経験を生かしながら，はじめて出会う新たな材料を経験できるようにしました。そのため主材料はミラーペーパーとし，興味・関心がもてるようにしました。本題材は，ミラーペーパーを使い，鏡に映る特徴を生かして，表したいことを見付けるという工作に表す活動にしました。これは，思考力，判断力，表現力等を育成することにつながります。材料や用具（ミラーペーパー，画用紙，絵の具，油性ペンなど），場所，題材の時間については，教師が決定し使い方を例示しました。表したいことや用途，どのように表すかは子供たちが考えるようにしました。

③題材を実施し，反省，改善を行う

題材を実施しても，教師自身がそれを振り返ることはなかなか行われないことがあります。資質・能力が題材を通して育成されたのかを省みることは当然ですが，教師自身が題材についての成果や課題を考え，次に同じ題材を行う際や他の題材を行う際に生かしていくことが重要です。

○題材の振り返り

・成果や課題は何か。

・資質・能力をより育成するために改善する点は何か。

　題材全体のねらいや1時間ごとのねらいを明確にもって，授業に臨みます。ねらいに沿って子供の姿を見取り，評価したり，指導したりします。大切なことは，共感的に子供に関わることです。

　授業実施後，資質・能力は育成されたか，題材の成果や課題は何だったかなど題材を振り返り，題材の改善点を探します。本題材では，さらに思考力，判断力，表現力等に重点を置くために，作品を1つつくるだけではなく，複数つくるように改善しました。また，そのためにミラーペーパーのサイズを小さくしました。また，出来上がった作品を飾るスペースを教室の中央に設定し，表現と鑑賞を相互に関連させるようにしました。そうすることで，思考力，判断力，表現力等をより働かせることにつながると考えました。

　思考力，判断力，表現力等を重点に置いた改善を行いましたが，作品が1つできたらまた1つつくるという過程は，技能を育成することにもつながります。また，作品を飾るスペースを設定することで，形や色などを意識して見たり，つくったりするなど，知識を習得することにもつながります。資質・能力は，1つだけで育成を目指すのではなく，3つの資質・能力が関連し合っていることを忘れてはいけません。

　このように題材を振り返り，改善することは大切なことです。子供の実態や育成を目指す資質・能力によっては，また別の題材の進め方も考えられます。

（廣田　和人）

指導計画

年間を見通してバランスよく題材を配置するスキル

POINT
❶ 工作に表す活動と絵や立体に表す活動の時数をおよそ等しくする
❷ 造形遊びの活動と,絵や立体,工作に表す活動のバランスを考える
❸ 表現の活動と鑑賞の活動のバランスを考える

　前述の通り,6年間や2学年間,幼児期,中学校を見通して年間指導計画を作成する必要があります。当然,年間を見通すことも重要なことです。

① 工作に表す活動と絵や立体に表す活動の時数をおよそ等しくする

　小学校学習指導要領（平成29年告示）解説図画工作編「第4章　指導計画作成上の配慮事項」にもあるように年間の指導計画を作成する場合は,絵や立体,工作に表す活動の配当時間を十分考慮する必要があります。学期ごとのバランスも重要です。どの時期にどの領域の題材を位置付けることが適切かを考える必要があります。

② 造形遊びの活動と,絵や立体,工作に表す活動のバランスを考える

　造形遊びをする活動が学習指導要領に位置付けられてから30年以上が経ちますが,いまだに造形遊びが敬遠されたり,ねらいが理解されていなかったりします。造形遊びをする活動は,絵や立体,工作に表す活動と並んで,大変重要な活動です。造形遊びをする活動と絵や立体,工作に表す活動のバ

ランスを考え，年間を見通して年間指導計画に配置する必要があります。

③表現の活動と鑑賞の活動のバランスを考える

　小学校学習指導要領（平成29年告示）解説図画工作編「第4章　指導計画作成上の配慮事項」には，「A表現」及び「B鑑賞」の相互の関連を図るようにすることや，「B鑑賞」の指導については，指導の効果を高めるため必要がある場合には，子供や学校の実態に応じて，独立して行うようにすることが示されています。これは，以前から学習指導要領で示されてきたことです。表現と鑑賞の関連は，今回の改訂で，発想や構想の能力と鑑賞の能力が一つとなって，思考力，判断力，表現力等で示されていることからも分かります。表現と鑑賞の関連を考えながら，年間指導計画を作成していくことが重要です。例えば，第1学年で，やぶった包装紙がどんなものに見えるかを考える題材について考えてみます。子供は包装紙を様々な方向から見て形や色などに気付き，どんなものにしようか考えます。これは，材料を見て造形的な面白さや楽しさを感じ取り，自分の表したいことを考えている，まさに表現と鑑賞が関連付いている姿といえます。また，見立てる行為を通して，形や色について気付いている姿ともいえます。また，鑑賞の活動を独立して行う場合は例えば，近くの美術館へ行って作品を鑑賞したり，アートカードを使って，身近な美術作品について考えたりする活動が考えられます。

　年間の指導計画を作成する際は，どの題材で，どの資質・能力を重点的に育成するのかを考え，そのバランスを考慮する必要があります。

（廣田　和人）

やぶった紙から考える題材

美術館にていすを鑑賞する

指導計画

教科書等の題材のねらいを理解して授業に生かすスキル

> **POINT**
> ❶教科書等に記載されていることを読み取る
> ❷教科書等の題材をさらに発展させる

　どんな題材を行うかは，教科書の題材や他の先生が行っている題材，自分で考えた題材など様々ですが，重要なことは題材のねらいをしっかりともつということです。作品例や活動例を目指して授業を行うのではなく，どのようなねらいで，育成を目指す資質・能力が何なのかを明確にして，題材の計画や授業を設定する必要があります。

①教科書等に記載されていることを読み取る

　教科書等には，以下のようなことが記載されていることが多いので，これを基に題材のねらいを考えていくとよいでしょう。

　①題材の領域

　　　造形遊び，絵，立体，工作，鑑賞のどれなのかが示されています。領域によって学習指導要領の指導事項が変わります。

　②学習の目標

　　　育成を目指す資質・能力が示されています。これが授業を行う際の柱となります。

　③材料や用具

　　　領域や育成を目指す資質・能力によって材料や用具は変わります。

　④作品・活動・作品の題名・作品の紹介

あくまでも参考となる作品や活動ですので，これを目指して作品をつくったり，活動を行ったりするわけではないことに留意する必要があります。

⑤資質・能力を働かせるための手掛かりとなること

授業を行う際に，子供たちが資質・能力を働かせるための手掛かりとなる事項が記載されていることがあります。

⑥ポイントとなること

思い通りに活動や製作を行うことができるように，用具の使い方のポイントやつくり方のポイントが載っています。

⑦学習の振り返り

育成を目指す資質・能力に沿って，題材を通しての振り返りが記載されています。これを踏まえて題材を組み立てるとよいでしょう。

②教科書等の題材をさらに発展させる

教科書等には，さらに，こんなこともできるというような発展的なことも記載されていることがあります。

例えば，粘土を使った立体に表す題材で，焼成することもできることが記載されていたり，1人で行う題材をペアやグループで行うことが記載されていたり，造形遊びをする活動で，別の材料で行った場合が記載されていたりします。また，教科書等の題材を子供の実態や学校の実態，環境などに合わせてアレンジすることも考えられます。例えば，地域の美術館や施設，行事等と関連させて題材を実施したり，自分の地域でよく手に入る材料を生かして題材をアレンジしたりすることも考えられます。大切なことは，子供たちにどんな資質・能力を育成したいのかねらいを明確にもつことです。

(廣田　和人)

授業準備

5 題材に合った場所を設定するスキル

> **POINT**
> ❶ 教室では机の配置を工夫して製作する
> ❷ 教室で行うか図工室で行うかを考える
> ❸ 図工室では特別教室の特性を生かす展開を考える
> ❹ 造形遊びの授業は場所で決まると心得る

　図画工作科の授業では，授業を行う場所が非常に重要な意味をもちます。安全面でも重要ですし，準備や後片付けをスムーズに行うことにも関係します。準備の段階で製作の途中や終了時の鑑賞活動をどのような形態で行うかも事前に考えておくと，より効果的な鑑賞を行うことができるでしょう。また，造形遊びでは，活動場所が材料と同じくらいの重要性をもちます。場所の特性が，イメージを広げることに大きな意味をもつからです。

①教室では机の配置を工夫して製作する

　教室では，比較的自由に机の配置を変えることができると思います。机を移動させて4～5人の小グループにすることで，自然と周囲の友達の活動が目に入り，製作中に自分の表現の参考にしやすくなります。活動中に，そのことを意識させるような言葉がけを行うと，より効果的

でしょう。

　立体や工作などでは，「〇〇の町」というようなテーマを設定しておくことにより，周りの子と作品をつなげて共同製作になっていくように，活動を広げていくことも可能です。

　教室では，材料や用具をどこに置いておくかも重要です。様々な材料を，思い付いた表現に合わせて選択し，自由に持っていくことができるように「材料コーナー」をつくっておくと，表現の幅が大きく広がります。また，グルーガンなどのように，数が限られている用具については，専用のコーナーを設定することで，安全面での配慮がしやすくなります。

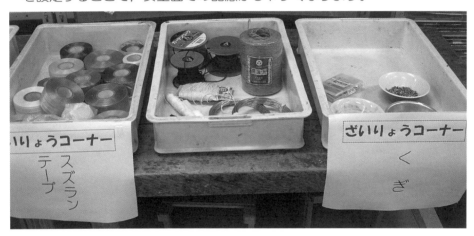

②教室で行うか図工室で行うかを考える

　一般的には，図工室では机が大きく，水道の流しが複数あり，図画工作で使用する用具も収納されているので，活動だけでなく準備や後片付けが行いやすいという利点があります。

　それ以外にも，机やいすの形が木工作をするのに適している形をしていたり，コンセントが複数用意されていたりして，非常に活動しやすくなっています。

　また図画工作科の題材には，光源を活用する内容のものもあります。図工

室に暗幕が設置されているのであれば、暗室として使用し、光の様々な効果を活用することができます。

③図工室では特別教室の特性を生かす展開を考える

　場所が変わると気分も変わります。図工室に展示してある過去の作品例を活用することも考えられます。実物に接することで、子供たちは活動内容を具体的にイメージして表現を行いやすくなります。
　また、天井から吊り下げたり、壁面や移動式パネルを利用して鑑賞会を開いたりすることができるのも、図工室ならではの活動といえるでしょう。

④造形遊びの授業は場所で決まると心得る

　教室で造形遊びを行う場合は、机をまとめて配置して広いスペースをつくることができますし、机やいすを作品の保持に使用したり、表現の一部としたりして活用することもできます。
　空き教室や多目的室、体育館などの広いスペースを利用した活動を行うと、子供たちは自然とその場所の

特性を生かした表現を行うこともできます。廊下や渡り廊下など，長い直線を利用することも検討する価値があるでしょう。

屋外に活動場所を設定すると，風がよく通る，植物がたくさんある，日光が活用できるなど，場所のもつ特徴を生かした表現が可能となります。子供たちの普段の学校生活の様子を観察しておき，どのような活動をするかを予想して活動場所を考えることで，子供たちは予想以上の豊かな表現を見せてくれることでしょう。

（森　裕二郎）

Chapter2　図工授業の指導スキル60

授業準備

ねらいに応じた材料や用具を準備するスキル

POINT
❶ 指導のねらいや子供の動きを想定して設定する
❷ 持ち物を事前に子供に伝え，用意するようにする

　図画工作科の授業では，題材の内容と材料や用具の選択は表裏一体の関係にあるといえます。指導のねらいにぴったりと合った材料や用具が準備されていることにより，子供たちは新たなイメージを思い付いたり広げたりしやすくなります。また，思い付いた表現を具現化しやすく，生き生きと表現活動を行うことができるようになります。

①指導のねらいや子供の動きを想定して設定する

　例えば絵に表す題材では，テーマに合った描画材は何か，あるいはテーマに合った表現方法を行うことができる用具は何かを考える必要があります。下がきをクレヨンで行うのと，コンテや割りばしペンで行うのとでは，タッチが全く異なります。また，着色についても，複数の描画材から選んだり，組み合わせたりすることにより，表現の幅は大きく広がります。子供たちがどのような表現方法を経験しているかを事前に確認しておくことで，様々な選択肢が生まれるでしょう。

　場の設定も重要です。一人一人に十分な活動スペースがあることが理想的ですが，あえてグループで頭を突き合わせるようにして製作を行うようにすることで，友達の表現を参考にしたり，アドバイスを出し合いやすくしたりすることも期待できます。また，造形遊びの活動では，活動場所の特性が表

現の一部となることも多いため、子供たちが様々な発想を生みだしやすいと考えられる場所を見付けておくとよいでしょう。

②持ち物を事前に子供に伝え，用意するようにする

　子供たちが普段生活している身の回りには，図画工作の授業で活用できる材料がたくさんあります。子供たちに「次の図工では○○を使うから，家で集めて持ってきましょう」と伝えておくと，たくさんの材料が集まります。中にはお店で買って用意しようとする子供もいますが，なるべく家庭で不要になったものが活用できないかを考えて見付けるように働きかけることで，子供たちは普段から意識し，工夫して材料を集めるようになります。

　必要な材料を積極的に集めてくることは，図画工作の意欲や態度の育成にもつながりますし，材料を集める過程で「これを使ってこんなものをつくりたい」と自然と考えるので，授業での製作がスムーズになることもよくあります。授業が終わった後も，身近な材料を使った表現が可能であることを意識付けることで，休みの日などに家庭で表現を楽しむきっかけとすることができます。そのことが，次へと続く意欲付けとなると考えられます。

　子供たちに必要な材料を伝える際には，作品例などを提示してどのようなものを集めるかが分かりやすいようにしておくとよいでしょう。また，学級通信等に記載しておき，保護者に協力を求めるのもよいと思います。

　図工室等にスペースが確保できるのであれば，普段から表現に使えそうな材料をストックしておく場所をつくっておくのもよいと思います。図工の時間に余った材料を他の学年が活用したり，給食のデザートの容器などを置いておくようにしたりすることで，十分な量の材料を準備できます。

（森　裕二郎）

授業準備

教師が事前にやってみて見通しをもつスキル

POINT
❶ 子供の感じる面白さをつかむ
❷ 準備物を把握する
❸ 指導の流れをつかむ

　図画工作の授業を行うに当たって，授業を行う前に教師が自分でまず作品をつくってみることは非常に重要です。「忙しくてなかなかそんな時間がとれない」と思われるかもしれませんし，「自分は絵や工作が苦手だから」と敬遠してしまうこともあるかもしれません。しかし，子供たちが製作するよりも短時間で完成させられることが多いと思いますし，いざつくり始めると，自分が子供の頃には気付かなかった発見があり，表現する面白さや楽しさを感じられることもよくあります。出来栄えのよし悪しを自分で決めてしまわずに，ぜひ表現すること自体をまず楽しんでみてください。

①子供の感じる面白さをつかむ

　教師自身が面白さを感じていることは，子供たちに必ず伝わります。実際に表現を行うと，頭で考えていたように表現できないことが分かり（それは子供がつまずいたり「面白くない」と思ったりする点と同じことが多い），それに対する指導や助言をどのようにすればよいかを考えることができるようになります。また，題材に関連する話（話題になっている美術展や学校近辺のアートイベントなど）を朝の会や給食時間等にすることで，子供たちに興味や意欲をもたせやすくなります。子供たちが自分から「面白そう」「自

分もやってみたい」と思うことができる，意欲を生かした題材で授業を行う方が，豊かな表現が生まれやすくなります。

②準備物を把握する

授業の準備物等は，指導書などを参考に準備することが多いと思います。しかし，いざ実際に授業を進めていくと，子供たちから「○○したいのだけれど，できますか」「（材料として）○○はありますか」と聞かれて慌てて代わりのものを探したり，指導していて「あれを用意しておけばよかったな」と思ったりした経験はないでしょうか。事前にやってみていると，その段階で具体的に何が必要か気付くことができます。つまり，子供たちの活動の様子や進め具合の見通しをもって授業や準備が進められるようになるのです。

③指導の流れをつかむ

事前に教師が製作した作品は作品例として提示することもできます。子供たちは実物の作品例を見ると，何をしていくかがよく分かりますし，イメージが湧きにくい子供にとっては，大きなヒントとなります。完成させるまでつくり，完成作品を作品例として見せてもかまいませんし，可能であれば数点製作しておき，途中まで製作した作品を残しておくと，「今日はこのくらいまで進みましょう」という，その時間の目標を示すこともできます。ただし，事前につくったものを必ず作品例として提示しなくてはならないわけではありません。子供たちの表現が作品例と類似するものばかりになる可能性もあるからです。このことを念頭に置き，柔軟に対応しましょう。

また，用具の使い方も，教師が自信をもって実際に目の前でやってみせることもできますし，指導も適切に行いやすくなります。さらに，表現する上での様々な具体的な選択肢（「あなたが考えている表現を実現するためには，こういう方法やこういう方法があるよ」ということ）を提示することも可能になります。このことは，子供たちが自信をもって表現したり，表現する楽しさを感じながら製作したりすることにつながるといえます。　　（森　裕二郎）

授業準備

学校内で用具や場所を調整するスキル

> **POINT**
> ❶用具の状態を事前に確認する
> ❷活動後までを見通して場所を設定する

　図工室にある用具は共用であるため，適切に定期的なメンテナンスや補充を行う必要があります。破損したままの用具は危険ですし，使いにくく表現に支障が出る場合があります。授業を始める前に，前もって点検する習慣を付けておきましょう。

　また，学校の共用部分を活動場所とする場合は，他の学年や他の教科の授業で使用する場合があるため，事前に管理職や教務主任の先生に確認をとり，必要であれば職員会議等において，職員間で共通理解をしておくようにしましょう。

①用具の状態を事前に確認する

　主に低学年で使用する用具（はさみやのりなど）は，個人持ちのものが多く，事前（遅くとも1週間前まで）に，きちんと使用できる状態のものを準備しておくように連絡しておくことで，支障なく活動を行うことができるでしょう。念のために，教師が予備の用具も準備しておくと安心です。

　学校で共用している用具は，著しく状態が悪かったり，数が不足していたりする場合には，次年度に向けて計画的に補充していく必要がある場合もあります。事前に確認しておき，他の教師とも情報を共有しておくようにしましょう。

材料や用具は，新しい技術や素材が使われた新製品が出ている場合もあるので，カタログをチェックするなど，情報を得ることも有効です。

②活動後までを見通して場所を設定する

　運動場や体育館では，ダイナミックな活動が可能になります。遊具や植え込み，渡り廊下などでも，その場所ならではの表現ができます。校内での活動後は，そのまま作品を展示し，他学年の子供たちや保護者などに見てもらい，感想カードを書いてもらうといったことも可能となります。

　屋外で活動を行う場合には，安全に行うために，あらかじめ活動範囲を明確に指示しておくことが重要です。また，どのような行為が危ないかを具体的に例示しておくことも，のびのびと活動させるためのポイントとなります。

　校内で他の学級・学年に負担をかけすぎずによい場所を確保するために，校内行事や他学年の大きなイベントに関する情報を前もって集めておくとよいでしょう。数か月程度前から準備を始めるつもりでいるとよいと思います。

(森　裕二郎)

導入

導入で端的に提案するスキル

POINT
❶導入に要する時間は、10分程度をめどにする
❷言葉を吟味し、説明ばかりにならないようにする

「図画工作科の授業は、導入8割」「授業研究は、導入で始まり導入で終わる」という先輩がいました。8割はともかく、これまで実践を進めてきた中で、何度も『導入の重要性』を強く感じてきました。もちろん、深い教材研究や綿密な指導計画、事前の準備等、「導入」を迎えるまでに行うべきことはたくさんありますが、この章では、「導入」にスポットを当ててみます。

①導入に要する時間は、10分程度をめどにする

授業の導入は、子供が活動に関心と見通しをもつための大切な時間です。ところが、子供がわくわくする気持ちや「早くやりたい」という思いを我慢させ、ついつい長い説明になってしまうことはありませんか。

高まった子供の意欲をしぼませないために、導入に要する時間は、10分程度に収めたいものです。魅力的な材料や用具が目の前にあると、子供の関心がそちらに向くのは当たり前です。子供をその気にさせておいて、「触ってみたい」「やってみたい」という強い気持ちに「おあずけ」するのは避けたいところです。だから、材料や用具等の具体物を提示する際は、そのタイミングを十分に吟味します。題材によっては、一気に提示する方がよいものもあれば、反応を見ながら小だしにする方がよいものもあります。また、図工室を暗くしたり、ブラックボックスを準備したりするなど、ちょっとした

演出が大きな効果を生む場合もあります。限られた時間の中で，効果的な出会いを演出する方法を想像することは容易ではありませんが，ここは教師の「腕の見せどころ」です。

　しかし，いろいろ考えたからこそ，たくさんのことを伝えようとしてしまい，説明時間が長くなってしまうこともあります。そのバランスが大変難しいからこそ，「導入8割」などといわれるのかもしれません。

②言葉を吟味し，説明ばかりにならないようにする

　教師の説明が長いときは，指導のねらいが曖昧で，教師側の不安を補おうと饒舌になっていることが多いようです。また，「こんなことを感じてほしい」「こんな発言が出ればよい」などの教師が期待する発言が出ることを待つうちに，せっかく高まった子供のやる気を損なうことがあります。

　限られた時間を有効に使うためには，「どんな資質・能力を身に付けたいのか」という指導のねらいを明確にしておかなければなりません。そのために，何を，どんな言葉で伝え，感じさせるのかなどを考慮し，言葉や提示物を吟味することが大切です。例えば，「形」「色」「イメージ」等の図画工作科ならではの言葉を意識することです。子供は，「すごい」「面白い」などの言葉をよく口にします。その言葉の背景には，それぞれの子供が「なんとなく」感じているよさや美しさがあります。教師は，上辺の言葉だけでなく，子供が何をどのようにすごいと感じているのかを的確な「図画工作科の言葉」で明らかにしていきます。それは，提示した題材で何をするのかという説明ばかりではなく，素直な子供のつぶやきや発言から，その子供なりの世界観を明らかにし，意識化させていくということです。

　このように，導入では，「端的に提案する」ことをいつも念頭に置きながら，行うように心がけます。

　次のページからは，さらに大切にしたいことについて，具体的に3つのポイントにしぼって整理してみましょう。

（坂井　政信）

導入

導入で子供の「やってみたい！」を引きだすスキル

POINT
❶「出会いの場」で，何を提示するのかを整理する
❷教師自身も楽しい気持ちで行う

　導入で大切にしたいことは，その導入が「子供の興味を膨らませ，意欲を引きだすものか」ということです。具体的にいえば，「面白そう」「やってみたい」という子供の声が聞こえるかです。

①「出会いの場」で，何を提示するのかを整理する

　導入では，以下の5つの場面を想定して提示するものを整理しましょう。
　①材料や用具の提示で「やってみたい」を引きだす
　②出会った材料に実際に触れ，体験させる
　③想像力を刺激する提示をする
　④魅力的な題材名を提示する
　⑤提示したものを活動中に参照できるように効果的に残す

　①では，匂いや手触り等，感性を働かせる仕掛けがあれば，「やりたい」「使ってみたい」「試したい」など，子供のその気は一層盛り上がります。その際，用具を使っているデザイナーや職人の画像を見せることも考えられます。好奇心を刺激し，「なりきり職人」や「名人気分」で活動する子供も増えるかもしれません。ただし，たくさんの量や種類があればよいわけではなく，どの程度の量を用意するのかをよく吟味することが必要です。

　②は，特に新しい材料や用具との出会いのときに重要になります。「触れ

てみないと分からない」という楽しさと同時に，実際に触れてみる機会を設けることで，子供が「うまくできるか分からない」という不安な気持ちを少しでも減らすことにつながるからです。

③は，「物語風にする」「手紙で伝える」など，ちょっとした工夫をすることで，ただ活動を紹介するよりもぐっと子供の興味をひくことができます。

④は，活動中も子供が常に意識し，想像するきっかけとなり，作品や活動を見直す契機になります。曖昧な言葉は避け，十分に吟味したいものです。

⑤は，導入で提示した参考作品や板書などを授業中に子供が参照しやすいように残すことです。導入時点での子供の感じ方や受け止め方は実際につくってみることで変化していきます。提示したものを参照することは，子供がその変化に気付くきっかけとなり，自分自身の成長を実感することにつながります。

②教師自身も楽しい気持ちで行う

導入での子供が喜ぶ姿を想像し，いろいろな趣向を練ることに，教師自身がわくわくするものです。でも，いざ本番。授業前に想像していた反応と実際の反応には，よくも悪くもずれが生じます。

図画工作科の授業では，複数の子供が同じ場，同じ時間を共有しています。教師は，一人一人の反応は予測できても，子供同士が関わり合うことで生まれる反応まで予測することは難しいものです。同じ授業を行っても，クラスが違えば全く違った反応になることはよくあることです。だから，教師の予想通りにならなくても，子供の発言や行動を全て受け止め，そのときにしかない「かけがえのない時間」を共有できる幸せを楽しみましょう。

子供の「やってみたい！」を引きだし，素直な驚きの言葉や表情を受け，教師も「わあー」と歓声を上げたり，「なぜだろうね？」と首をかしげたりしながら，子供と一緒に新鮮な気持ちで題材に向かっていくことができたら，とてもすてきだと思いませんか。

（坂井　政信）

導入

導入で子供が活動の見通しをもてるようにするスキル

POINT
❶ 参考作品の有無について熟考する
❷ 資質・能力の視点で活動の見通しをもてるようにする

　子供に必要な「見通し」は，様々です。「作品の完成形や活動の終末」を想像する場合もあれば，「どのくらいの時間が必要で，いつまでにどのくらい進めばよいのか」といった過程を考える場合もあります。「展覧会をして，たくさんの人に見てもらおう」ということが前提であれば，他の人から見るとどう見えるかを意識しながら「見通し」をもつでしょうし，今日のこの授業内での時間配分への「見通し」というものもあるでしょう。

❶ 参考作品の有無について熟考する

　「よし，こんなことをやってみよう」「イメージが湧いてきた」と，すぐに活動に取り組む子供ばかりではありません。「何をすればよいのか分からない」と悩んだり，「思い浮かばない」と首をかしげたりする子供が，たくさんいるのも現実です。そこで，子供への手立てとして「参考作品」を提示する場合があります。その際，何を見せるのかについては，十分に吟味しなければなりません。

　教師試作の参考作品を提示する場合は，「見通し」をもたせるために，ある程度の完成形を提示するのがよいのか，未完成状態がよいのか，パーツがよいのかなど，それぞれのメリットとデメリットを考慮する必要があります。

　また，教科書等に載っている作品を参考にする場合があります。一見同じ

ような材料を使っていて参考になりそうでも，アプローチの仕方や育てたい資質・能力の違いによって，ずれが生じることも少なくありません。多様性のある様々な参考例を基に，教師の構想に合ったものを選択する必要があるのです。

　もちろん，何も見せないことが，子供にとってはよい場合もあります。教師が思う以上に，子供はたくましく，安易な参考作品の提示が，子供の底力を発揮する大切な機会を奪っているかもしれません。

②資質・能力の視点で活動の見通しをもてるようにする

　特に導入では，「何時間活動するのか」といった時間配分や流れ，「どのような終末を迎えるのか」などといった題材全体に関わる「見通し」をもつことが必要です。子供が，「考える時間」「試す時間」「製作時間」「見直す時間」等，題材全体の時数と合わせて，大まかな時間配分を整理し，意識しながら取り組めるようにしたいものです。その際，計画的に活動が進められるように全体の流れを掲示しておくことも有効な手段です。その「見通し」は，単に作品完成までのスケジュールではなく，どのような資質・能力を育成したいのかをしっかりと考えた上で提示します。そうしなければ，子供が資質・能力を発揮する場面を奪ってしまうことになりかねないからです。

　また，子供の意欲を湧き立たせ資質・能力を育てるためには，適度な抵抗感も必要です。「やってみたいけどできるかな？」「無理かと思ったけれどできそうだな」「できそうだけど，なかなか思うようにできないな」などの適度な抵抗感や困り感は，子供の中に次の新たな課題を生み，追究を進める力となるのです。

　子供が安心して楽しく活動できるようにするためには，一人一人がしっかりとした「見通し」と「課題意識」をもつことが重要です。そのためには，目の前の子供の実態やこれまでの経験等を踏まえ，どのような資質・能力を育成するのかを意識しながら，よりよい出会いを模索することが大切なのです。

（坂井　政信）

12 導入で安全指導を確実に行うスキル

導入

POINT
❶最初が肝心と心得る
❷具体的にやってみせ，一緒に考える

　図画工作科の授業を行う際，常に気を配りたいことに「安全面への配慮」があります。カッターナイフやのこぎり，彫刻刀等といった刃物を扱う際には，特に注意が必要です。その際，「安全に気を付けて活動しましょう」と呼びかけるだけでは，不十分です。

　図画工作科には怪我がつきものと思いがちですが，事前に，またその場の場でしっかり指導することで，その多くは回避することができます。

①最初が肝心と心得る

　扱い方を指導した後も子供が誤った使い方をしていることに気付いたら，その先にはどんな危険があるのかを子供と一緒に考え，出し合います。一見遠回りに見えたり，そのための時間を少しでも活動時間に使いたいと思ったりするところかもしれません。しかし，そこは「最初が肝心」です。「○○したら怪我をする」だけではなく，「○○したら，どのような状況が生まれ，どうなるから，怪我をする」という「間の部分」を具体的に埋めることが予防につながります。頭で理解することも重要なのです。

　また，子供が活動に夢中になり，周囲の状況が見えなくなる場合があります。それだけ活動に一生懸命になっている姿は，喜ばしいことです。しかし，「そんなときこそ落とし穴がある」という意識を常にもち続けることが大切

です。例えば，壁面に「用具の正しい使い方」を掲示し，いつも目に付くように環境を整えておくのは，基本の一つといえるでしょう。

②具体的にやってみせ，一緒に考える

　危険を回避するために，教師が具体的な場面を想定し，やってみせることが大切です。「カッターの刃の前に手を置くと？」と実際の様子を見ながら問いかけられた子供は，安全について考え，行為の先の危険を予測し，実感します。例えば，図工室のいすは作業台にもなり，とても便利ですが，大変重く，固く，転倒すると危険です。「深く座る」「移動の邪魔にならないように置く」など，どんなときにいすが転倒するのか考えてみれば，自ずと解決策は見えてきます。また，机上が散らかってくると危険が増します。「不必要なものは机上に置かない」という事前指導があるのとないのとでは，随分と安全への意識は変わり，リスクも小さくなります。

　「材料置き場」や「作業スペース」をどこに配置するのかも重要です。授業前から子供の動線を想定し，安全を意識した環境づくりに努めることは，教師の義務です。また，用具を使って活動する際の「体の向き」等も事前にルールを決めておきます。その場その場で，子供が自由な方向を向き，のこぎりを使っているような状況はどうでしょうか。子供の影になり，教師に手元がよく見えない位置での電動糸のこぎりの使用は，本当に安全といえるでしょうか。

　安全面の指導は，活動中も常に配慮しなければなりません。しかし，導入前の場の設定や導入時のルール確認を行うことで，少しでも安全な環境づくりにつなげることができます。子供が安心して，のびのびと活動できる環境をさりげなく整えておきたいものです。

（坂井　政信）

活動支援や声かけ

子供同士の関わり合いを促すスキル

POINT
❶ 途中の取り組みや表現が互いに見える環境をつくる
❷ 共用の材料や用具であえて"ちょっと不便"に

　何か困ったとき，ふと「どうしようか」と悩んだとき，アイデアやヒントが欲しくなったときなど，子供は一人で考えるだけでなく，近くにいる友達と話したり，友達の作品やしていることを見たりすることがよくあります。

①途中の取り組みや表現が互いに見える環境をつくる

　完成した作品を掲示すると，友達同士でそれを見ながら感じたことや想像したことを会話する様子が見られます。

　それと同じように，表現の途中の作品も置いたり吊したりして「見える」ようにすることで，子供同士の自然な関わり合いを引きだすことにつながります。自分の途中の作品を見て「次は…」と考えている子供や，その様子に気付き一緒に作品を見て話している子供，どちらにとっても自分以外の友達の感じ方や考えに触れることは学びが深まるきっかけになります。

②共用の材料や用具であえて"ちょっと不便"に

　図画工作の学習では個人で用意する材料とは別に，みんなで使うことので

きる材料や用具を準備することがあります。そのとき，あえてちょっと不便に感じるような状況をつくることで，子供同士の関わり合いからアイデアや工夫が思い付くという場面をつくることができます。

例えばポスターカラーなど共用の絵の具を使用するときは絵の具を入れるカップの数を「洗って使い回す」くらいの数で用意しておきます。また，「乾くと固まってしまうから，上手に使い切ってから洗うようにしよう」と声をかけておき，"使い残し"に対する意識付けをしておくのです。

そうすることで，使い切れず余ってしまったときにも子供は「緑色，使う人いる？」「どんな緑？」「暗い緑！」「見せて…これなら欲しい！」「どうやってつくったの？」というように絵の具のやりとりの中で，色の知識についてもやりとりをすることにつながりました。

また，4年生の版に表す学習で，「刷り」と「彫り」のどちらも行うとき，次のような場をつくることも関わり合いを引きだす上で効果的です。

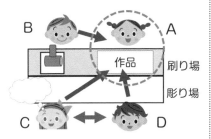

○グループの机を半分ずつ【刷る】【彫る】場に。
○インクの練り板，ローラーなどはグループ1つ。Aが刷っている間，Bは刷りの準備。C，Dは刷りを待つor彫る。

上の図のB児にしてみると，「刷りの順番を待つ」という一見，空白の時間が生まれます。「早くして」「まだ？」と急かす言葉をかける子供もいるかもしれません。しかし，待つ時間があることで，A児の表現や，C児・D児のしていることに目が向くことも生まれるのです。

（中村　珠世）

活動支援や声かけ

14 活動のよいところを見付けるスキル

> **POINT**
> ❶ 一瞬だけを切り取らずに過程を見つめる
> ❷ 子供の指先や視線の先に注目して「意図」や「工夫」を感じ取る

　授業中，活動に取り組んでいる子供の様子は実に様々です。「これ，いい感じ…」と感じたことをつぶやいたり，作品にぐっと顔を近付け集中して細かな部分に色を塗ったり，端切れの紙に試しがきをしてみたり，作品を無言でじっくりと見つめていたり…そのような中に，感じていることや考えていること，工夫していることなど，資質・能力を働かせている子供の表れが多く見られます。そのような子供の姿を見つめ表れを伝えていくことは，子供にとっても学びの手応えを感じることにつながります。

①一瞬だけを切り取らずに過程を見つめる

　授業中に5，6本の色鉛筆を手に持ってかこうとしている子供を見かけました。その一瞬だけ切り取って見ると「使おうと思っている色を全部持ってかいているんだな」「面倒くさがりだなあ」というようなことを思うかもしれま
せん。しかし，もう少し眺めてみると，異なる様子がまた見られました。この子供は黄緑色と緑色の台紙の上に色鉛筆を順に置きながら見比べているようでした。そして「やっぱりこれにしよう」とつぶやきました。

　図画工作科の学習では子供が活動している過程を見つめようとすることで

子供のよさが見えてきます。とはいえ，じっと一人の子供を見つめ続けることは困難です。ですが，「一瞬」を何度か重ねたらその子供の過程が見えてきます。また，いきなり声をかけず少しの間見つめてみると，子供のやろうとしていることが見えてくるのです。

② 子供の指先や視線の先に注目して「意図」や「工夫」を感じ取る

　活動に取り組んでいる子供の視線の先や指先に注目してみましょう。そこには表したいこと，してみたいことなどの思いや意図，そして工夫などが感じられます。例えば，花がぱっと開く様子を表している子供の様子を少し見つめていると，次のような工夫が見られました。腕を浮かせたまま筆の根元を常に外側に向け，円形になるように間隔を一定に努めながら，一つずつ丁寧にかき，途中で何度か手を止め確かめる…花びらの形やバランスを意識しながら取り組んでいることが伝わってくる姿です。また，腕を画面に付けずに一枚ずつの花びらをかくのですから，筆に込める力加減や筆の置き方にも気を配りながらかいているのだろうと推察することができます。

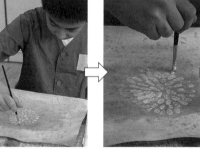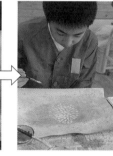

　また，教師の立ち位置によっても見え方は変わります。正面に立つと子供の指先がよく見えます。子供の後ろや横から見つめてみると，子供の視線の動きが見えてきます。子供と同じ目線で作品を見つめることが表現の過程や変容を一緒に感じることにつながるのです。

（中村　珠世）

活動支援や声かけ

活動のよいところを伝える声かけのスキル

POINT
❶ 子供の考えていたことを引きだす
❷ 子供の意図に対して共感的な言葉で伝える

① 子供の考えていたことを引きだす

子供の活動のよいところを感じ捉えたところで次のような言葉をかけます。

> 面白そうなことをしていたね。どんなことを考えていたの？

子供の取り組んでいることに対して「教師が目を向けたところ」を伝えます。そうすることで子供は「ぼくが頑張っているところに気付いてくれた」「ぼくがやっていることを見てくれている」と安心感を覚えたり，手応えを感じたりします。自分の内面にあるものを表現する図画工作科の学習において，そのような教師と子供の信頼関係は特に大切です。

このとき，教師がよいと感じたことをまず伝えてしまうことは避けたいものです。というのは，大人の見方，価値観を一方的に伝えて押し付けてしまうことにもなりかねないからです。「作品の出来や技能的な上手（下手）さ」ということに関して子供は大人以上に敏感です。"自分で考えた工夫をしているけれど，思い描いていた感じと違う" "なんだかうまくいかない" "周りの友達の方がよく見える" と感じている子供たちに対しては特に気を付けたいところです。

ですから「どんなことを考えていたのか」を，まず子供から引きだすことを大切にします。

②子供の意図に対して共感的な言葉で伝える

　上記のように子供の意図を引きだした上で，

> 「なるほど，そういう意図があったんだね」
> 「だから，そういう表し方を考えたんだね」
> 「すてきな工夫だね」

というように，子供の考え方や取り組みに対する共感の気持ちを言葉で伝えていくようにします。

　子供との信頼関係の上では，「いいね」という短い言葉でも十分に伝わるでしょう。

　また，このような声かけは子供に手応えを感じさせたり自信をもたせたりする上でも効果的です。高学年になると，題材を通して自分の活動や表現したものを振り返るような様子が見られます。

> 「作品を見て考えてたね。どんな感じになったの？」
> 「いいね」「表したかったことをそうやって表せたんだね」

　子供がそれまでに考えたことや感じたことを引きだし，目の前の作品とつなげながら共感的に関わることは，子供が自分自身で作品への意味付けを行う姿を育んでいくことになるのです。

（中村　珠世）

活動支援や声かけ

動きだせない子供への働きかけのスキル

> **POINT**
> ❶ 試しながら自分の「いい感じ」を見付けられるようにする
> ❷ 材料や用具を数種類用意し，子供の「試し」を引きだす

　新しい題材と出会い，自分の表したいことを思い浮かべ，いざこれから…と学級の多くの子供が動きだす中，なかなか動きだせない子供の姿を見かけることがあります。そのような子供たちの様子を見ていると，大きく２つのタイプが見えてきます。１つは"表したいことがなかなか思い浮かばない・思い描くことが苦手"のタイプ。もう１つは"上手に，失敗しないようにしようとするためはじめにじっくり考え悩む"タイプです。このような様子の子供に対しては「思うようにやってみていいんだよ」「失敗しても大丈夫」と声をかけ，苦手意識や抵抗感などをほぐしていくような関わりが大切です。それとともに，「やってみる中で子供の心が動く」ような仕組みを題材や授業の中に設定していくことが大切です。

① 試しながら自分の「いい感じ」を見付けられるようにする

　「やってみる中で心が動く」ような手立ての一つとして，材料や用具を手にしながらいろいろな表し方を試すことができるようにすることがあります。
　例えば，５年生のミラーシートを用いた表現

活動では，鏡に映る仕組みを生かしながらイメージを広げることができるように，白い端切れの画用紙を用いた試し的な活動を題材の導入に位置付けました。子供ははさみやテープ，指などを使い，画用紙を切ったり丸めたり折ったりして様々な形に変形させミラーシートと組み合わせていきます。同じ形のものが上下，前後，または四方に見えることの面白さを感じたり，表れた形を見立てたりしていきました。そのように失敗を気にすることなく様々な表し方を試し，自分の感じ方ができたことで，特に自分が「すごい・きれい・面白い・〜に見える」など，いい感じだと思ったものを基に表したいことを思い浮かべていくことにつながりました。

② 材料や用具を数種類用意し，子供の「試し」を引きだす

下の写真のように材料や用具を数種類ずつ用意し，子供がいろいろな表し方を試したり，組み合わせてみたり，そのことを基に表し方を選択したりできるようにすることもできるでしょう。頭の中だけで考えるより自分の感覚を通して「(これも) いい感じ」「こうしたい」を見付ける経験を積んでいくことが，自ら動きだす子供を育むことにつながるのです。　　　　　(中村　珠世)

活動支援や声かけ

時間がかかりすぎる子供に見通しをもたせるスキル

> **POINT**
> ❶残りの時間と自分がしたいことを照らし合わせる
> ❷優先することを明らかにする

　自分の表したいことや表し方の工夫が強くなったり，「もっとこうしてみよう」と思いが膨らんだりする子供の姿を見ると，教師も「頑張ってね」と応援したい気持ちになります。そのような子供の姿を嬉しく思う一方，自分の思いにこだわりすぎるあまり，時間がいくらあっても終わらないという状態につながってしまうこともあります。時間がかかり，授業時間だけで終わらず休み時間にも…となると，はじめの頃の意欲がいつしか薄れ，「完成させないと」という作業的な気持ちや姿になってしまうこともあるのです。
　ですから，まずは授業時間の中で子供自身が納得して「終わり」を決めたり迎えたりすることを大切にしていきましょう。

❶残りの時間と自分がしたいことを照らし合わせる

　4年生が飛びだす仕組みを使って身近な人へのメッセージカードをつくったときのことです。つくるうちにどのようにすると飛びだすのかコツも分かり，渡したい相手のことを思い浮かべるほど，「好きなものも入れたら喜ぶだろうな」「友達のあの工夫を私のカ

ードにも入れて…」「もっと驚くようにしてみよう」と思いがどんどん広がっていく様子が見られました。しかし残りは2時間（90分）と迫っていました。このままいくと製作途中で時間切れになりそうな感じでした。そこで，その授業が終わる前に子供に次のように問いかけました。

> 自分が「まだ表したい・つくりたい」と思っていることを思い浮かべて，いくつあるか，どんなことなのか友達と話してみよう。

そうするうちに，「あと来週の2時間で終わりだよ。大丈夫？」「そんなにあるの？」というような友達同士で話し合う声が聞こえてきました。やりたいことが広がったり夢中になったりしているときは時間の見通しが立たなくなってしまうことがよくあります。そのようなときこそ，自分ひとりで考えるのではなく，一緒に学んでいる友達の素直な感想を聞いてみるというのが有効に働くものです。もちろん，このような声かけは全体での指導だけでなく，個別の関わりでも行っていくことが大切です。

②優先することを明らかにする

自分がしたいと思っていることに対して時間がかかりすぎているようだと気付いた子供には次のように声をかけます。

> 「これだけは絶対大事にしたい・表したい」と思うことは何かな。

優先順位を決めるということは，残り時間に対して納得するゴール地点の見通しを自分自身がもつということです。そうすることは，もう一度はじめのイメージを振り返ることにもつながります。

（中村　珠世）

終末や振り返り

18 やってよかったと思う振り返りにするスキル

> **POINT**
> ❶ 授業の終わりに「いいとこ発見！」
> ❷ 振り返る観点を設ける

　図画工作科の学習で，子供は，思いを膨らませながら形や色でその思いの実現に向けて思考します。そこでの自分の取り組みを，子供同士で評価し合うことで，思いがけない自分の発見，そして，自分や他者のよさを見いだしながら学ぶ意義を感じることができるようにすることを大切にします。

①授業の終わりに「いいとこ発見！」

　題材の終末だけでなく，授業ごとに友達の取り組みや作品からよさを見付け伝え合う「いいとこ発見！」の活動を設定するとよいでしょう。

　「いいとこ発見！」の基本的な形は，１人の子供が自分の作品を見せながら，その作品についての思いを語ります。周りの子供たちは，その子供の作品を見たり，思いを聞いたりして感じたことを伝えます。

　ここで一つ条件にしていることがあります。それは「いいとこ」だけを伝えること。残念なところやアドバイスではなく，「よさ」だけに着目させて伝えることにするのです。

　１年生では入門期ということも

あり，「ここがいい！」とその箇所だけを伝えることに終始しがちです。しかし，まずはそこからスタートです。

> 何で「いいとこ」って思ったの？

　慣れてきたところで「いいとこ」の根拠を問います。そうすることで，より積極的によさを見いだすことになり，また，多様な見方や感じ方があることに気付くことができると考えます。

　大切にしていることを思い思いにかく活動で，地図の中に草原や楽しそうな動物と真ん中に旗を立てた様子をかいた子供がいました。その子供は照れながらも，自分がかいた作品の思いを友達に伝えています。すると，「○○さんが大切にしていることが，旗で分かったよ。自分の生まれたところを大切にしているんだね」と聞いた子供が話していました。これは，作品を通してその子供への理解と関心を深め始めた姿と感じます。

　このようにして，自分や他者のよさを，作品とそれについて語る言葉から感じることができるように促していくことを大切にします。

②振り返る観点を設ける

　授業ごとに学習カードを使って次の観点を振り返ります。

> 「わくわく」「ひらめき」「こだわり」「ヒント」

　「わくわく」は意欲的に取り組めたか，「ひらめき」はどうしたいか発想できたか，「こだわり」は今まで使った技能，「ヒント」は友達の作品や取り組みからヒントを得たかという観点で振り返ります。題材が違っても同じ観点で振り返ることを続けると，子供たちは，図画工作科の学習で何を考えるか，その「勘所」をもって意欲的に学習に取り組めるようになると感じます。

（神野　恭一）

19 分かりやすい片付けの指示をするスキル

終末や振り返り

> **POINT**
> ❶ 活動の見通しを子供とともに確認する
> ❷ 具体的な手順を示す

　図画工作科では後片付けも大切な学びの場です。しかし，どうしてもつくる活動に時間が割かれ，後片付けの時間が追いやられてしまい「やらされる」時間になってしまうことも少なくありません。主体的な学びの時間にするために，まずは，後片付けの時間を確保すること，手順一つ一つを丁寧に指導していくことを大切にします。

①活動の見通しを子供とともに確認する

　題材全体の見通しをもたせることはもちろんですが，1時間の授業の見通しをもたせることも大切にします。

　　今日は何分までにする？

「いつもどおり25分まででいいんじゃない？」
「でも，もっと早くした方がいいような気がする…」
「絵の具を洗わなくちゃいけないから20分にした方がいいよ」

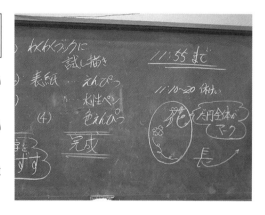

このように，子供たちに終了時刻をどう迎えるかを決めさせ，活動時間の見通しをもてるようにします。そして，子供たちと確認したこの時間の活動の流れと終了時刻は板書で明示します。子供たちが限られた時間の使い方を意識し，主体的に計画性をもって学習に取り組む姿勢を身に付けることができるようにこれを継続していきます。

②具体的な手順を示す

　スチレンボードを使った彫り進み版画の学習の後片付けの手順について，次のように子供たちと確認します。

---
①バット，ローラーを洗って所定の場所に片付ける。
②敷いた新聞紙を片付ける。
③作品と版を片付ける。
④机と床を拭く。

　このように，確認した後片付けの手順は板書で明記します。はじめのうちは，「作品を机の上で乾燥させておくうちに用具の片付けをする」「新聞紙は丸めるのではなく小さくたたんでゴミ箱へ入れる」「バット，ローラーを拭いたぞうきんは10回ゴシゴシ洗って固くしぼる」など，それぞれの手順について具体的に演示しながら，その意味についても確認します。こうしたことを継続していくことで，新しい場面においてもその経験を生かし，自発的に最後の片付けまで取り組んでいくことができるようにします。

（神野　恭一）

終末や振り返り

子供同士が協力して片付けられるようにするスキル

> **POINT**
> ❶「うまく片付かない」を考えさせる
> ❷みんなでやるよさを実感させる

　片付けは，手間と時間がかかり，「面倒な時間」で終わってしまうことがあります。一人でやると面倒でも，みんなでやるとよりよく済むことを感じ取れるようにし，子供が片付けの時間からも学ぶことができるようにします。

①「うまく片付かない」を考えさせる

　絵の具を使ったときの片付けに時間がかかる1年生に，「片付けの時間で休み時間がなくなっちゃうね」と投げかけます。片付けに時間がかかる原因を子供たちと振り返ると，1人の洗う時間が長く，水場で渋滞が起きることが挙げられました。

　どうすれば，短い時間で片付けられるかな。

　上記のように問うことで，片付けの場面でも課題意識をもち解決しようと

考える場にできるようにします。
　「水場をひとりじめしないといいんだけど…」と１人当たりの時間短縮に意識が向き始めました。そこで，教室で筆洗の中でパレットを洗い，水場ですすぐことを教師から提案します。早速それを試した子供たちは，時間が短縮されたことを実感し，そのやり方で片付けることが日常化していきます。

②みんなでやるよさを実感させる

　図画工作の時間には，自分の作品，用具のほか，共同で使う作業台や材料，用具などがあり，それらも片付けることになります。

---
①作品を棚に置く。
②自分の用具を片付け，机の上を空にする。
③教室をもとに戻す。

　片付けの手順の中に，教室の現状復帰も入れます。はじめは，教師の指示で行いますが，次第に，作業台をもとの場所に運ぶ子，用具を所定の棚に戻す子，材料を種類ごとに整え，所定の場所に戻す子，床を掃く，拭く子，

机を拭く子と，自分たちでやることを見いだして片付けるようになります。一人一人が自分ができることをその場で感じて取り組み，もと通りにできたことの価値を認めることを大切にします。

(神野　恭一)

終末や振り返り

振り返りで他教科や他の活動につなげるスキル

POINT
❶満足から思いをかき立てる
❷必然性を際立たせる

　自分の取り組みに満足した子供が，新たな思いをもち始める瞬間があります。その思いをかき立て，さらには必然性をもたせることで，新たな課題を見いだし，その解決のために本気になって追求できるようにします。

①満足から思いをかき立てる

　3年生で，軽量粘土を使った「おいしいおべんとう」をつくりました。子供たちは常に「おいしい」に立ち返りながら，「ハンバーグは焼き目がある」「唐揚げには照りがある」と思いだしたり，観察したりしながら試行錯誤します。完成近くになると「誰かに見せたい」という思いを子供たちはもち，展示ホールに飾ることにしました。そこで，

> じゃあ，こんなふうに並べるといいよね。

と，わざと床に並べ，子供たちの展示のイメージと反対のことを示します。
　「それじゃあ，おいしそうじゃない！」と当然反発します。
　「そうか，じゃあ，このテーブルの上に並べるといいよね」と続けると
　「いや，そうじゃなく…」と子供たちからは堰を切ったように，「お店みたいにして並べると，おいしそうになるんじゃない？」「屋台みたいにした

い！」と様々な思いが飛び交い，そこから「おいしく」するための展示を考える活動が生まれたのです。

このように，満足から思いをくすぐり，かき立てていきます。

②必然性を際立たせる

しかし，「おいしく」展示するためのアイデアが揃わず思うように活動が進まなくなりました。そこで，隣接する高等学校の生徒の力を借りることを提案しました。普段から交流のある高校なので，子供たちは「その手があったか」と言わんばかりに目を輝かせています。

> でも，○○高校のみなさんは，お手伝いはしてくれるけど，何を手伝うのか詳しく分からないよ。○○高校のみなさんは困るんじゃない？

あえて，一つの困難を示し，自分たちの願いを分かりやすく伝える必然をもたせます。

子供たちは，言葉での説明を考えたり，伝え方の練習をしたりし始めます。「うーん，いいんだけど知らない人が聞くとまだ分かりづらいかな」

とさらに困難を一つ加えます。そこで，国語「○○を伝えよう」の学習をリンクさせることで，学習した伝える順序，具体物を呈示するといった手立てを取り入れながら，子供たちはよりよい伝え方を考えていました。

子供たちが自分事としての課題をもつことができるように，自分たちの思いを実現させたい，そのためにどうしたらいいのかという必然をもたせていくことが大切です。

（神野　恭一）

評価

ねらいに照らして評価するスキル

> **POINT**
> ❶ 題材のねらいを明確にする
> ❷ "作品"だけでなく"学び"のプロセスを評価する

①題材のねらいを明確にする

　平成29年3月に告示された学習指導要領では，各教科において育成を目指す資質・能力を，①知識及び技能，②思考力，判断力，表現力等，③学びに向かう力，人間性等の3つの柱で整理しています。これらの資質・能力を題材の中でどのように育てていったらよいのでしょうか。

　大切なのは，題材のねらいを明確にすることです。ねらいと対応させて評価項目を明らかにすれば，何をどのように評価したらよいのかが分かり，一貫した視点で見ることができます。

　例えば，技能の評価の文末の例として「表し方を工夫して表している」という文言が考えられますが，"どのような"表し方を選び，"どのように"工夫して表している姿なのか，教師も子供も，授業で目指す姿をしっかりイメージできるようにしましょう。その際一人一人の表現活動の多様性を考慮し，幅をもって示すようにしたいですね。

　授業では学習の目的を子供の分かる言葉で「めあて」として提示し，おおむね満足できると判断する規準を設けます。

　予想を超えた子供の活動に出会ったときはチャンスです。その子供の行為を価値付けし，他の子供たちに紹介します。授業計画では予想できていなか

った活動をその子供だけに留めておくのではなく,そのような活動こそ全体で共有することで,学級全体の視点を更新することができるのです。

また,1単位時間に1つの項目,または表現活動の各プロセス1つのまとまりとして評価するとよいでしょう。表現の始まりの過程では,「アイデアカード」「アイデアスケッチ」を活用し,自分の表したいことを,絵や文字でメモできるようにします。

さらに,「製作カード」を活用し,分かったり楽しかったり思い付いたりしたこと,あるいはアイデアがどのように発展していったかなどを図や言葉でかけるようにします。

② "作品"だけでなく"学び"のプロセスを評価する

"作品"からは"学び"の軌跡をうかがい知ることができます。作品は,学びの痕跡です。であるならば,教師は子供たちの学びを保障する必要があります。

図画工作科では,子供の活動は複線的になることが多いです。課題に対する解決方法が一つではないからです。

「めあて」を受けて子供が自分なりの目標や課題をもてるようにします。そのために,前述の「製作カード」などに自分のめあてについて達成できたかを振り返ったり評価規準に照らして自己評価したりできるようにします。「困っていること・次にしたいこと」があれば,それは次回の自分のめあてとなります。

自己評価は,教師にとって子供の進捗状況の把握につながるため,これらを教師が振り返ることで,授業を改善することが可能になり,一人一人の学びの保障につながります。

目標と評価は表裏一体,指導と評価も表裏一体です。

(福島 裕美)

評価

活動の様子を写真で記録して評価に生かすスキル

POINT
❶ 完成に至るまでのプロセスが分かるように撮る
❷ 誰が，何を使って，どんなことをしているか分かるように撮る

①完成に至るまでのプロセスが分かるように撮る

　表現活動それぞれの過程で写真を撮っておくことで，子供の作品の変容が分かります。授業の前半と後半で撮影し，完成に至るまでのプロセスが分かるようにすることが大切です。子供自身が製作過程を振り返り自己評価する際の一助にもなります。数人を一緒に撮っておくと，誰と活動をしていたかが分かり，作品と友達との関わりも見えてきます。完成作品は，つくった本人と一緒に撮り，学年末に渡します。立体などの作品は家庭で保管しておくことが困難な場合もありますので，喜ばれます。子供も自分の作品が認められたようで，嬉しくなりますね。

②誰が，何を使って，どんなことをしているか分かるように撮る

　「何を見て，何を考えていたのか」を動作や表情から捉えることも，評価の要素の一つになります。「面白いことしているな」と思う子供の姿を写真に収めていきます。写真を見返してみると，授業の中では捉えられなかった子供の姿を発見することがあります。実は，写真の隅に映っている子供のしていることや視線の先に，子供の作品を見るヒントがかくされている場合も

あるのです。撮った写真は，終末や次時の導入において，みんなで写真を見る時間を設けると，振り返りや表現の工夫の共有ができます。

○完成に至るまでのプロセスを撮った写真の例

【表現活動前半】
アイデアスケッチで表したいことを見付けている様子。

【表現活動中盤】
自分のイメージに合った表し方を試している様子（友達の表し方を観察する姿など，作品に残らない場面を写せた）。

【授業後半】
息で吹いて墨の雫を飛ばし表し方を工夫している様子。

【完成作品】
墨の濃中淡を使い分け，飛んでいる感じや水しぶき，雲を表している。その過程が写真から読み取れる。

（福島　裕美）

評価

活動中の様子から資質・能力を捉えて評価するスキル

POINT
❶教室にいる全員の子供と関わる
❷思考と試行の姿を見取る

❶教室にいる全員の子供と関わる

　製作カードに自分の考えを明確に記せる子供ばかりではないので，活動中の子供との対話は評価の大切な要素となります。「この形，面白いね」「この色，すてきだね」子供の活動を肯定しながら，様子を見て歩きます。つぶやきや子供同士の会話も名簿や座席表に記録していきます。しかし，その都度記録している余裕がないときもありますよね。カメラやタブレットを持っているため手がふさがってしまったり，子供が評価を気にしたりしないようにするため，私は付箋を用意しておき，教卓に戻ってきたときにまとめてメモし，あとで名簿に転記することが多いです。

　授業後，子供のつくりかけの作品を見返したとき，名前を見なくても誰がつくっている作品か分かるということが理想です。「あぁ，ここ，こうなったんだ」「ここ，こだわってたな」などと，活動中の姿を思い浮かべながら作品を見ます。誰の作品か分からなかった場合は大反省です。評価と同時に自身の指導を振り返ることで，次時に向けての必要な指導が見えてきます。

　授業中の具体的な関わり方としては，活動の変容を捉え，変わった部分について尋ねてみるのがよいでしょう。「どうやって思い付いたの？」「どんな感じを表してるの？」「これからどうなるの？」など問いかけると，子供が

もっているイメージや作品への思い，活動の見通しなどを聞きだすことができます。もし余裕があれば，話しかけるときに動画を撮っておくと，つくりながら説明する子供の姿を表情や話し方とともに記録できます。ねらいに沿った子供の活動の様子やよさを価値付け

していくと，その言葉を聞いていた他の子供たちが自分の作品に取り入れ始めます。そのような連鎖も見取って，評価に生かしていきましょう。

②思考と試行の姿を見取る

表現活動の過程で子供が考えながら試行錯誤する様子は，主に思考力，判断力，表現力等を発揮している姿を捉えるチャンスです。思考力，判断力，表現力等は，主に発想や構想と，鑑賞から捉えます。表現活動の最中にも鑑賞は行われており，鑑賞が表現の後ろ盾

となり，発想の基となっていることもあります。それを踏まえて，表現・鑑賞を行き来している子供の思考・試行の姿を捉えることが重要です。

鑑賞活動は，表現活動の終末だけでなく，導入に取り入れることもできます。表現活動の過程では，子供の活動に寄り添いながら見取る一方で，少し引いて子供を観察してみましょう。思考は目に見えない部分であり，捉えるのは難しいですが，子供が何を見て何を考えて活動しているのか見取ることが必要です。

（福島　裕美）

評価

完成作品から視点を定めて資質・能力を捉えて評価するスキル

POINT
❶完成作品は，"見る"のではなく，"読み取る"
❷自己評価や相互評価も活用する

①完成作品は，"見る"のではなく，"読み取る"

　製作過程を加味しない作品による評価だけでは，子供が働かせた資質・能力に気付くことはできません。作品からよさや工夫した点を見付けて評価することができますが，それは作品に表れた「知識や技能」を見取っただけであり，「思考力，判断力，表現力等」の発想や構想，鑑賞や「学びに向かう力，人間性等」も評価する必要があります。題材との出会いからどのようにイメージや発想を広げていったのか。どのような意図をもち，それを具現化していったのか。活動の様子をはじめ，アイデアカードやアイデアスケッチ，試しの活動での作品等と照らし合わせ，完成に至るまでのプロセスを追っていきます。どの子供の作品も似たようなものになり，評価が難しく感じられる場合は，題材や指導を見直す必要があるでしょう。子供の感覚や行為を保障した学習活動が展開されたときにはじめて，作品という"点"でなく子供の学びという"線"で捉えることができるのです。作品から子供がどのような資質・能力を働かせていたのか読み取ることが大切です。

②自己評価や相互評価も活用する

　子供の自己評価や相互評価も参考にし，主観的な評価に偏らないよう総合

的に評価することが大切です。作品の完成が授業の終わりではありません。作品の出来不出来ではなく，子供が自身の表現活動を振り返り，自分の学びを自覚し，成長や課題に気付くことができるようにしたいものです。

　例えば私は，題材終了後の相互鑑賞では，"いいねカード"と称したメッセージカードに，形や色などの視点で友達の作品からよさや工夫を見付け，伝える，相互評価を行っています。また，"マイストーリー"と称して，活動の様子の図示とともに，作品説明や感想を書いてもらっています。材料や友達と関わりながら，試行錯誤した様子を知ることができ，完成作品をまた違った視点で見られるようになります。

　マイストーリーは，観点を明示すると子供も書きやすいようです。例えば，「わくわくポイント」は「いいこと考えた！」ということや材料や友達との関わりから得たヒント（思考力，判断力，表現力等に関わる），「見て見てポイント」は自分の作品の中で好きなところ，こだわったところ（学びに向かう力，人間性等に関わる），「ぐんぐんポイント」は，できるようになったこと（知識及び技能に関わる）というような観点を示しています。それぞれの観点に関わるところをマークし，評価の材料とします。温かいコメントを添えて返しましょう。通知表の総合所見にも活用できます。その子らしさが表れている作品には，愛おしさを感じます。子供の思いに寄り添い，よさを認め，子供自身が可能性を感じられるような評価を考えていきたいですね。

（福島　裕美）

「やまなし」物語絵のマイストーリー

造形遊びの授業

造形遊びでねらいに照らした材料や場所を設定するスキル

POINT
❶ 材料や場所から様々な子供の活動を予想する
❷ 子供の資質・能力を育てる視点で材料や場所をチェックする

　造形遊びは，子供が材料や場所などに進んで働きかけ，感覚や活動を通して捉えた，形や色，イメージなどから思いのままに発想や構想を繰り返し，経験や技能を総合的に働かせてつくる主体的で創造的な学習活動です。

① 材料や場所から様々な子供の活動を予想する

　家庭にある各種の空き容器・校庭の自然素材など，身の回りには様々な材料があります。材料に働きかける子供の姿を思い浮かべてみましょう。
● この材料で，子供はどんな活動をするか予想しましょう。
　☆大きなビニール袋〜魔法の袋をつなぎ合わせて〜
　　「筒形につないでみたい」「開いてつないでみよう」
　　「まき付けてみよう」「色を付けてみたいな」

　材料に働きかける子供の活動を予想することで，適切な材料かどうか見極めることができます。家庭には，用意しやすいものを早めに連絡します。また，地域にある工場や商店街にお願いをしておく方法もあります。子供が自分で材料を集めることが，地域を知るきっかけになったり，意欲の高まりにつながったりします。意識して材料を探すことで，創造性が育つのです。

●この場所で，子供はどんな活動をするか予想しましょう。
　☆窓からの光と風で～教室をヘンシン！～
　　「光の差し込む窓に，透明容器を使って教室をキラキラさせよう」「カラーセロハンも色が映ってキレイ」「入ってくる風をスズランテープで表現したいな」「形や色が，時間とともに変わっていくね」

　広さを生かした体育館や運動場でダイナミックな活動ができます。机の下の隙間，廊下，樹木や遊具などがある場所は特別な雰囲気に変身させられます。また，校外学習の機会にも「秘密基地づくり」等の活動ができます。

② 子供の資質・能力を育てる視点で材料や場所をチェックする

　この材料と場所でどんな資質・能力が育成されるのか，思考力，判断力，表現力等，知識及び技能など育成を目指す資質・能力を具体的に思い描き，チェックしてみましょう。
●この材料と場所で，子供はどんな資質・能力を働かせるか考えましょう。
　☆ライトを使って～真っ暗な部屋で光のアート～（暗幕のある部屋）
　　「広い壁に影を映そう」「天井に映すのも面白いよ」「色水やカラーセロハンを透した光がきれい」「ライトを動かしてみよう」「小さいものの影があんなに大きく映るよ」「組み合わせたら生き物みたいに見えるね」

　穴あきのザル，卵パック，色水，ビーズやビー玉，少量の水を入れたビニール袋など…様々な材料が子供たちの発想や構想を広げていきます。ライトの動きで壁や天井の光や影も動き，大きさも自由自在に変化させられます。さらに材料を組み合わせて面白い影や光をつくりだしてみたり，動きに合わせて物語をつくってみたりと，どんどん発想は広がっていきます。学年の先生方で育成を目指す資質・能力を話し合いながら，光源や材料探し，暗い部屋の設定など，一緒に授業の準備ができるといいですね。

（髙橋　雅子）

造形遊びの授業

27 造形遊びで子供が活動を思い付く導入をするスキル

> **POINT**
> ❶デモンストレーションで「私ならこうしたい！」を引きだす
> ❷材料や場所とのステキな出会いを工夫する

「面白そう！　やってみたい！」と思える導入とは，どのようなものでしょう。大事なことは，クラスの実態に合った導入を教師が全力で考えることです。子供たちの普段の会話や遊び時間の様子を把握しておきましょう。

① デモンストレーションで「私ならこうしたい！」を引きだす

　教師が子供たちの目の前で材料を扱ってみせることも効果的です。手つき，楽しそうな表情，「どうなるかな？」などの教師のつぶやき。子供は様々なことを感じ取り，「私はこうしたい！」と活動を思い付いていきます。

「土粘土のかたまりを切ってみるよ。どんな形に切れるかな？」

※切り糸を動かして，黙って粘土を切り，断面を見せます。

　「うわ〜，波みたいな形。私もやってみたい！」「切り糸の動かし方を工夫したら，いろいろな形がつくれそうだね」

子供たちは「切る」行為そのものを楽しむ中で，手や体全体の感覚を使い，粘土に働きかけていきます。「不思議な形！」「切った形を組み合わせてみたい」「何かに見えてきた」など，活動を思い付いては，やってみる。やってみて，さらに思い付く。このように発想が連続していく姿が，造形遊びの特徴の一つです。デモンストレーションによる導入は，言葉だけでなく視覚化できることで，活動の見通しがもちやすくなります。

②材料や場所とのステキな出会いを工夫する

　材料や場所などと出会い，材料を並べ組み合わせ，場所や空間の特徴を生かして構成するなど，自分で目的を見付けて発展させていく活動が造形遊びです。導入では，子供がワクワクするような出会いを工夫しましょう。

●体育館を白でデザインしよう～「しろ！　シロ‼　SHIRO‼！」～6年生

　積み上げられたたっぷりの量の材料は，学年で協力して集めた学校中の「白い」ものです。運動会で使う大玉，体育のマットといった子供が考え付いた材料もあります。「マットは立てたら白が目立つよ」「膨らませた袋は連ねて吊すよ」などと，材料に触れながら思い付いていきます。
　「2階からロール紙を垂らすね」「それを反対側のギャラリーに渡そう」「上と下で協力して持ち上げなきゃ」友人と話し合い，目的を共有することで新たに思い付く活動もありました。友達といろいろと試しながら体育館を白でデザインし，大満足の子供たちです。

(髙橋　雅子)

造形遊びの授業

スムーズに造形遊びの片付けをするスキル

POINT
① 片付けの手順を子供たちに分かりやすく示す
② 協力すると楽しい活動になることを実感させる

　片付けも学びとして捉えることが大切です。図工の時間の中に、片付けの時間を設定することを忘れないようにしましょう。片付けも張り切って頑張った子供たちは、次の図工の時間への期待感が膨らんでいくようです。

①片付けの手順を子供たちに分かりやすく示す

　残った材料の扱いをどうするか。使った用具の扱いをどうするか。何をどこにしまうか分かりやすく示すと、子供は進んで片付けます。
　ポイントは２つあります。
　①役割分担をしてから片付けをスタートする。
　②分別方法・片付ける場所を板書する。
　新聞紙を使った造形遊びを例に考えます。細かくちぎられた新聞を袋につめていく子、丸まった新聞を平らにして段ボールに入れていく子、まだ使える新聞を整えて折りたたむ子、分別場所で最終チェックする子など、役割をはっきりさせます。それぞれ違う役割・違う場所で片付けをしていても、いつでも各自が確認できるよう、分別方法・片付けの方法を板書しました。
　また、新聞紙を丸めてつくった棒を組み合わせて活動する造形遊びの片付けでは、頑張ってつくった棒を、次の学年へのプレゼントにしようと提案しました。接続部分を切ってゴミ箱へ捨てる役の子、プレゼントの棒を箱にし

まう役割の子，それぞれが張り切って片付けました。このように，全て捨ててしまうのではなく，もう一度使えるものは丁寧に片付けるように伝えることがポイントです。例えばごみ袋，たためば古紙にできる紙類など，分別とリサイクルの大切さを伝えると，片付けの様子も変わってきます。

②協力すると楽しい活動になることを実感させる

　みんなで協力して準備したり，片付けたりすることを子供は大変喜ぶものです。「今日の図工は後片付けも楽しかった」という発言も出るほどです。

　題材「光と風で教室をヘンシン!!」を例に考えます。これは，教室に入る光と風の特徴を生かして造形的な活動を思い付く題材です。みんなでヘンシンさせた教室，残しておきたいけれど，片付け！　ここでは，協力して楽しく片付けをするために，個人ではなくグループで役割分担をしました。また，終了時刻を板書してタイマーを使うことで，協力して時間内に終わらせる意識が働きました。

　また，互いを認め合う場面をつくっておけば，帰りの会等で「今日のキラキラさんは○○さん！　図工の時間，一生懸命に片付けていました」といった発言につながります。それが励みとなり，仲間づくりにも役立ちます。

　片付けの様子をビデオに撮っておき，早送りにして後で見る方法も楽しいです。「しろ！　シロ!!　SHIRO!!!」の６年生の実践（p.83参照）では，白い体育館がどんどんともとの体育館に戻っていく様子を見て，子供たちも大喜びでした。みんながどれだけ一生懸命に活動していたかがよく分かり，歓声が上がっていました。低学年でも応用次第で，「協力すると楽しい！」を実感する片付けができるのではないでしょうか。

（髙橋　雅子）

造形遊びの授業

子供の資質・能力を捉えた造形遊びの評価のスキル

POINT
❶学習の過程に表れる資質・能力を捉える
❷多様な評価情報を集める

「子供たちが学習のめあてと向き合いながら，資質・能力を働かせているか」という学びの過程（プロセス）を見つめる観点から評価を進めます。造形遊びの活動は作品として残らない場合もあるので，子供が活動の中でどのような資質・能力を働かせていたのか捉えるスキルが教師に求められます。

①学習の過程に表れる資質・能力を捉える

体育館で行った6年生題材「しろ！ シロ!! SHIRO!!!」（p.83参照）では，表現で育成する思考力，判断力，表現力等（発想や構想）や，知識及び技能，鑑賞で育成する思考力，判断力，表現力（鑑賞）を発揮する子供たちの姿がありました。

- Aさんの場合（発想や構想）…「舞台の高さを使って布を垂らそう。中心には目立つ大玉を置こう。トイレットペーパーを棒にたくさんひっかけたら，白が広がって川の流れのようになるよ」
- Bさんの場合（技能）…「膨らませた白のゴミ袋をたくさん付けようとしたけれど，ずれて片寄ってしまう。ずれないように一つ一つの袋をしばって，ぴったりの位置に留めてから吊すとうまくいったよ」
- Cさんの場合（鑑賞）…「2階にある扇風機で動きを出したアイデアがすてきだね。窓から入ってくる光も『白』だと思うよ」

こういった，活動過程の子供の動き・つぶやきなどを捉え，記録します。

②多様な評価情報を集める

　設定した評価規準と関連する様々な評価情報を集めることで，信頼性のある評価に近付くことができます。子供一人一人のよさを学びの道筋の中で丹念に読み取ることは教師にとっても楽しい活動です。

●教師による評価情報の収集

　活動中の様子やつぶやきをメモしたり，写真やビデオに記録したりする方法があります。活動後にワークシートで振り返りを行う方法もあります。困ったことや相談したいことを質問するコーナーをつくっておくと，次の時間の指導につながります。

集中して活動する様子

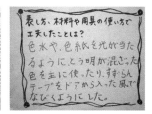
「学びに向かう力，人間性等」　　「技能」

●子供自身による評価情報の収集

　友達の活動について感想を交流し合う時間をとります。励ましのメッセージを交換し，お互いに高め合う姿は教師にとっても嬉しいものですね。子供たちのよさを発見でき，頑張りを評価する手立てとなります。

●保護者や地域・異学年の子供による評価情報の収集

　活動後，保護者や地域・異学年の子供と交流をもつこともおすすめです。驚いたり喜んだりしてもらい，一緒に楽しい時間を共有します。その感想が，子供たちにとっては励みとなり，教師にとっては評価情報の一つになります。

（髙橋　雅子）

絵や立体，工作の授業

見付けたことや方法を試せる環境をつくる絵や立体，工作のスキル

> **POINT**
> ❶材料や用具，場の工夫をする
> ❷友達と共有する時間を設ける

　子供は頭の中で想像していることと，実際に材料や用具を使って表現したことが一致せず，表現活動が停滞してしまうことがあります。想像することと表現することを行ったり来たりしながら，つくり，つくりかえることができる学習を展開することによって，子供は豊かに創造性を発揮し，表現を追求することができます。想像したことを試すことができるように材料や用具，場を工夫したり，友達と共有する時間を設けたりすることで，つくり，つくりかえることができる学習活動を展開しやすくなります。

①材料や用具，場の工夫をする

　水彩絵の具を使って表したいことを絵に表す活動では，より自分のイメージにあった色を付けるために，試しの紙を使うことを指導しました。

> 　自分のイメージした色かな？
> 　水の量はちょうどいいかな？
> 　試しの紙を使って，自分のイメージに合う色を探しながら，絵に表していこう。

また，ストローと紐を組み合わせた仕組みによって動くおもちゃづくりでは，おもちゃの動きをその都度確かめながらつくることができるように，壁に紐をかけて動きを確認できる場所を教室の中につくりました。

> おもちゃを動かしてみよう。
> どんな動きをするかな？
> おもちゃは頑丈かな？
> やってみて思い付いたことを基に，さらにパワーアップさせよう。

　上の写真では，遊んでいる様子を友達が見ていることが分かります。試している中での子供同士の会話から発想が広がっていくことがあり，表現を友達と共有する時間を設けることで，試しの活動がより効果的になります。

②友達と共有する時間を設ける

　クランクの仕組みを使ったおもちゃづくりでは，活動の途中で友達のおもちゃと自分のおもちゃを交換して遊ぶ時間を設けました。自分の工夫との違いに気が付きました。また，友達の言葉から新たな発想を思い付きました。

> 友達のおもちゃで遊んでみよう。
> 自分の仕組みとはどこが違うかな？
> どのような動きに見えるかな？
> 友達の工夫のよいところを自分の表現にも生かしてみよう。

　想像したことや見付けたことを友達と試したり，共有したりできる場や時間を設定することが子供の表現をより豊かにします。

（笠本　健太）

絵や立体，工作の授業

前学年までの経験を踏まえた絵や立体，工作の題材設定のスキル

POINT
❶ 前学年・次学年の指導計画を把握し，題材の目標を設定する
❷ 題材のめあてを前題材との違いとともに伝える

　教師が目の前の子供の表現の積み重ねを意識して指導計画を立てることで，各題材における目標がより具体的になります。そのことによって指導内容が明確になり，「教えすぎずほったらかしすぎることのない」子供の主体性を大切にした指導を実現することにつながります。また，題材名を示す際には，前学年や前題材との違いが伝わるように示すことで，子供に題材の目標を分かりやすく伝えることができます。

① 前学年・次学年の指導計画を把握し，題材の目標を設定する

　本題材と「前学年や次学年，前題材」とのつながりを資質・能力の視点で捉えた上で題材の目標を設定することが大切です。2年生のパスや共同絵の具で自分が想像した野菜の世界を表す「大すきやさい　やさいとなかよし」の題材を例として説明します。1年生では，パスを使って表現する「せかいにひとつのふしぎな花」を経験しています。ここでは，パスでぼかしたり重ねたりする表現技法を使い，実在しない花を想像して表現しました。3年生では，個人絵の具を使い，水の量による色の違いを生かして表現する「絵の具と水のハーモニー」を行う計画になっています。

野菜の世界を想像しよう。

1年生のときに使ったパスの技を使ってみよう。

大きな紙に絵の具でのびのびかいてみよう。

　前年度や次年度とのつながりを考える際に，表現技法に偏ってしまうことがあります。発想や構想などについてのつながりを考えることも大切で，身に付けさせたい資質・能力の視点で本題材とのつながりを考えることが大切です。1年生と3年生の活動を基にし，「大すきやさい　やさいとなかよし」では，想像した野菜の世界を，パスや絵の具（指定した色）を使って思いのままに表現する力を育成することを目標としました。

②題材のめあてを前題材との違いとともに伝える

　前題材との相違点を明確にしながら子供に本題材の目標を示すことで，子供は題材の目標を理解しやすくなります。6年生の絵に表す活動では，はじめに5年生での絵に表す活動で学んだことを振り返りました。材料や用具，資質・能力，〔共通事項〕の視点などを基に振り返りました。その上で，相違点を強調しながら6年生の題材の目標を子供に説明しました。

5年生の絵ではどのようなことにこだわって表現したの？

気持ちを表すための工夫をしたんだね。

構図や筆使いの工夫をしたんだね。

6年生ではね…

（笠本　健太）

絵や立体，工作の授業

32 表したいことが見付かる絵や立体，工作の題材提示のスキル

POINT
❶ だんだん表したいことが見付かる題材があることを理解する
❷ 題材にストーリーをもたせる

　絵や立体，工作に表す活動は，自分の表したいことを実現していく活動です。子供が主体的に活動し，感性や創造性を豊かに働かせるためには，一人一人の子供が表したいことを見付けていることが大切です。

① だんだん表したいことが見付かる題材があることを理解する

　表したいことは，「活動の始まりにおいて見付かるものである」と考えがちですが，題材のはじめに見付かりやすい題材と，だんだんと表したいことが見付かる題材があることを教師は理解して指導する必要があります。例えば，木材を使って写真立てやいすをつくる工作の題材では，はじめに表したいことを明確にし，設計図などをかき，見通しをもつことで表現を追求し，資質・能力が育成されます。

> はじめに何をつくるか決めよう。
> つくるものに合わせて設計図をかこう。
> 組み合わせよう。
> 長さを正確に測ろう。

一方で，電動糸のこで板材を切り，それらの形を手掛かりに組み合わせて立体をつくる題材では，板材を切ったり組み合わせたりする中で表したいことのイメージが膨らんでいきます。はじめから設計図をかくことは難しく，かくことで発想や構想の能力が働くことを阻害してしまう可能性があります。つくりながらイメージを広げていくことができる指導をすることが大切です。

> 面白い形に切ってみよう。
> 組み合わせて「心の花」を表そう。
> どのような組み合わせがいいかな？
> つくりながら見付けていこう。

　このように題材の内容によって表したいことが見付かるタイミングや，表したいことの全体像が異なることを教師は理解し，その題材における表したいことの意味を考えた上で題材の提示をすることが大切です。

②題材にストーリーをもたせる

　題材にストーリーをもたせることで子供は表したいことを見付けやすくなります。例えば低学年では教師の自作の絵本の読み聞かせを通して題材の世界に子供を誘ったり，子供の生活と関連付け，「つくったバッグを持って遠足に行こう」と投げかけたりするなどの工夫を考えることができます。

> 　世界に一つのおしゃれなバッグをつくって遠足に行こう。
> 　どんな形にする？
> 　飾り付けに何が必要かな？
> 　丈夫なバッグにしようね。

（笠本　健太）

絵や立体，工作の授業

絵に表す題材の指導スキル

> **POINT**
> ❶題材と「子供の今」を結び付ける
> ❷鑑賞活動を通して，豊かな発想や構想を引きだす
> ❸材料や用具の効果的な使い方を振り返る
> ❹作品を飾る場所を工夫する

　６年生で行った絵に表す題材を通して指導の工夫を説明します。本題材は，小学校生活を通して，「やった！　ついにできた！」ときの思いを，これまでに学習した技法などを生かし，工夫してかく題材です。

①題材と「子供の今」を結び付ける

　まず，題材を考える上で，「子供の今」とつながるストーリー性のある題材にすることを考えました。そうすることで，子供が表したいことを見付けやすくなると思います。そこで，卒業を前にした子供が小学校生活を振り返りながらかく題材を設定しました。

　子供からは，「はじめて逆上がりができたときのこと」などの意見が出ました。題材を「子供の今」と結び付けたことによって，全ての子供が自分の「やった！　ついにできた！」ことをイメージすることができました。

> もうすぐ卒業ですね。小学校生活でのみんなの「やった！　ついにできた！」ことは，どのようなことですか？　そのときはどんな気持ちでしたか。

②鑑賞活動を通して，豊かな発想や構想を引きだす

　構図などの工夫をして，どのように絵に表すかを考える際に，教師が用意した美術作品などを使って鑑賞活動を行いました。「やった！　ついにできた！」ことをイメージした上で鑑賞しているので，目的意識をもって絵を鑑賞することができ，鑑賞活動が発想や構想の能力を引きだすことにつながりました。

　そして，感じ取ったことを友達と話し合ったりアイデアスケッチで表したりしながら，どのように絵に表すかをじっくりと考え，表したいことのイメージをさらに膨らませるようにしました。

> 　この絵からはどのような思いが伝わってくるかな？
> 　どうしてそう思うの？
> 　人の大きさやかく場所，表情などからいろいろなことが伝わってくるね。

　表現している中で，構図などの工夫についてさらに考えることができるよう，隣のクラスの友達が表現した作品を壁面に掲示し，鑑賞できるようにしました。作者は隣のクラスにいるので，工夫の意図を直接聞くことができます。友達の表現からさらに思考力，判断力，表現力等が発揮されました。

> 　自分の表現に生かすことができそうな友達の工夫を見付けよう。
> 　自分の表現のよさや面白さ，美しさを見付けよう。
> 　かいた人にインタビューしよう。

　このような指導を繰り返していく中で，本題材で育てたい資質・能力を働

かせ，工夫を凝らしている子供の表現を，クラスのみんなに紹介しました。

> 表したいことを表現するためにどのような工夫をしているかな。
> 自分の表現に生かせそうな人はいますか？

③ 材料や用具の効果的な使い方を振り返る

　表したいことを表現するためには，子供が材料や用具を効果的に使うことが大切です。本題材では，小学校生活を通して学習した技法を自分の表したいことに合わせて活用し，表現する題材です。子供がこれまでに学習したことを思い出し，自分の表したいことに合わせて使い分けることができるようにするために，学習した技法などをまとめた掲示物を子供に見せ，振り返りました。試しの紙を使い，実際にやってみる子供もいました。

> スパッタリングやタンポを使うと，どのような感じを表すことができるかな。
> 色を重ねるときに気を付けることを思い出そう。

「ついに書けた」

「やった！　成功した！」

「ずっと憧れていた応援団」

④作品を飾る場所を工夫する

　完成した作品を互いに鑑賞することで，友達の表現のよさや面白さ，美しさなどを味わうことができるとともに，自分の表現についても振り返ることができます。そのことによって，次の表現のヒントを得ることができたり，自分の表現に自信をもったりすることができます。

　作品を鑑賞するための工夫としては，作品を見て感じたことを感想カードに書き，友達と交換して伝え合ったり，題名カードに工夫したことを書いて掲示したりするなど，様々な方法が考えられます。

　また，作品を廊下や階段などの他学年が通る場所に掲示することも効果的です。多くの人の目に触れることが作者の満足感を高めることにつながります。また，他学年の子供が見ることで「自分が6年生になったら，こんなことを表してみたいな」と思い，学校全体で表現への意欲を高めることができます。

> 　廊下や階段などにみなさんの絵を飾ります。ペア学年の子に自分の絵が飾ってある場所を教えてあげてね。
> 　工夫したことも伝えられるとすてきだね。

　このように，指導の工夫を考える上で柱となるのは，題材の目標です。前学年までの経験や次学年での学習計画などを踏まえ，子供の実態に合った適切な目標を立てることが大切です。そのことによって，題材の目標を達成するための適切な指導の工夫を行いやすくなります。また，発達の段階や材料や用具の特徴などの違いに合わせて，指導の工夫を考えることが大切です。

（笠本　健太）

34 立体に表す題材の指導スキル

絵や立体，工作の授業

> **POINT**
> ❶わくわくするような材料との出会いになるように導入を工夫する
> ❷材料に触れながら，子供が表したいイメージをもてるようにする
> ❸いろいろな方向から見ながら表すようにする

　子供たちは，図画工作科の学習が始まる前，どんな学習をするのかを楽しみにしています。その際，材料との出会いを大切にすることで，子供たちが「面白そうだな」「もっとやってみたいな」と感じ，その後の活動をさらに意欲的に行うことができます。

① わくわくするような材料との出会いになるように導入を工夫する

　例えば，5年生で針金と出会います。夢の塔を針金でつくる題材では，扱いやすい太さの針金を用意します。導入で，

> この針金でどんなことができるだろう。

と投げかけると，子供たちは巻いたり折ったりしていろいろ試すでしょう。ここで十分に材料に親しみます。
　その際，安全指導も大切です。子供たちは，針金に触りながら，曲げたり，組み合わせたりすることでいろいろな形ができることに気付きます。その後で，

> 自分にとってステキな夢のタワーをつくろう。

と投げかけ，活動を始めていきます。例えば，はじめに，世界中の様々なタワーを紹介することでも，子供はつくりたいタワーのイメージをもち，針金を使ってどんなタワーをつくろうかと考えます。そして，わくわくした気持ちで思い付いたタワーをスケッチにかいたり，針金で工夫して表していったりします。

また，6年生の「光のアート」（光の効果を生かして，思い付いたことを立体に表す）の題材では，同じものでも光の向きや光の量をしぼることによって見え方が変わることを，実際に見せることで気付くようにします。また，光の色を変えることで，見え方の印象が変わることにも気付かせていきます。さらに，これまで学習してきた，ものに光を通す活動の題材などを想起させ，どんな形のものに光を通してみたいか想像を広げられるようにします。その後で，

> 自分だけの○○な世界をつくろう。

と，投げかけます。「自分だけの」と表現することで，自分と向き合い，「どんな材料を使おうかな」「どんな色にしようかな」と考えることができます。

② 材料に触れながら，子供が表したいイメージをもてるようにする

　低学年の粘土を使った題材では，活動のはじめに，

> 粘土の形をいろいろ変えて粘土と仲良しになろう。

と言って，全身を使って粘土の感触をたっぷりと味わう活動をします。すると，子供たちは，丸めてひとかたまりにしたり，細く伸ばしたり，つまんだり押したりと思い思いに粘土に関わります。活動する中で，自分なりの表し方の工夫を見付けることができます。子供たちは，粘土のやわらかさや重量感，温度や質感を手だけではなく，体全体で感じながら活動していきます。また，できた形を友達と共有することで，さらに自分の表したいことのイメージを膨らませることができます。

　また，中学年での木片を使った題材では，じっくりと木片を眺めたり触ったりして，木目の面白さや香りなどを感じながら，表現に向かうことができます。また，いろんな大きさや形や色の木片を組み合わせることで，思わぬ形ができたり，いい感じになったりして木ならではの表し方ができます。

　その後で，

> 木を見たり，触ったりして感じたことや気付いたことを友達と交流しましょう。

と言います。子供たちは，交流を通して，さらに木の木目や色合い，質感などによる違いやよさに気付きます。このとき，様々な大きさや形の木や種類の異なる木を用意することで，木の特徴を生かしながら「この木はやさしい感じの色なのでつなげてキリンの赤ちゃんにしてみよう」など自分のイメージに合った作品をつくりだすことができるようになります。

③いろいろな方向から見ながら表すようにする

　立体に表すよさは，様々な方向から見る面白さを感じながら新たな発想を重ねて作品に表していけるところです。

　そこで，子供たちが活動しているときに，

> 　前からだけでなく，横や後ろ，上からなどいろいろな方から作品を見て表していきましょう。

と，声をかけます。すると，作品を前からしか見ていなかった子供が横からも後ろからも作品を見るようになります。そこですかさず，

> 　後ろからや横からなどいろんな方から見て，自分で「好きだな」「すてきだな」と思える作品にしていきましょう。

と，声をかけていきます。子供たちは，作品の正面や後ろを意識しながら工夫を加えて立体作品をつくり上げていくことができます。

　また，授業の中で，効果的であると考えられる場合には，友達の作品を見る時間を活動の途中に意図的に入れるとよいでしょう。友達の表し方の工夫やよさを見付けられると同時に，自分の作品を表す際の発想の手掛かりになることもあります。

　　　　　　　　　　　　　　　　　　　　　　　　　　　　（川口　倫代）

絵や立体，工作の授業

工作に表す題材の指導スキル

> **POINT**
> ❶仕組みづくりの動画をタブレットで配る
> ❷活動が活性化する場をつくる
> ❸遊んで楽しんで伝え合う鑑賞の時間を設定する

①仕組みづくりの動画をタブレットで配る

　工作の学習，とりわけ動くおもちゃづくりにおいて，「仕組みづくり」はどうしても教師主導型になりがちです。だからといって，ヒントカードや見本を基に，子供たちだけで仕組みをつくろうとすると，うまくいかなかったり，時間がかかりすぎたりしてしまいます。

　そこで，私が最近やってみたことを紹介します。まず，教師が仕組みをつくる様子を録画し，タブレットに保存して，班に1台ずつ配ります。すると，子供たちは，その動画を何度も繰り返し見ながら，仕組みづくりを行います。動画の便利なところは，スローや静止画，コマ送りなど，子供たちのニーズに合わせた見方ができるところにあります。

また，作品が壊れたり，うまく動かなくなったりしたときも，子供たちは教師に聞くのではなく，タブレットを見ながら自ら直すようになります。

　さらに，何度も動画を見るうちに，仕組みの構造や可能性に気付き始め，仕組みをアレンジしたり，壊れにくい仕組みを生みだしたりする子供も出てきます。

②活動が活性化する場をつくる

　まず，活動はグループごとに行います。アイデアを共有し合う，困ったときは助け合う，お互いの活動を認め合う身近な集団は，図画工作科においてとても重要です。

　タブレットを利用した仕組みづくりに始まり，つくりたいものを考える場面，思いを形にしていく場面において，気軽に見たり，聞いたり，感じたり，気付いたりできるようにします。

　さらに，教室全体が協働的な学びの集団になるように，教室の中央を広く空け，子供たちが動きを試す場にします。すると，試している子供はもちろん，周りの子供たちも，さりげなくその様子を鑑賞することができます。

　また，試しに行った子供も，友達の活動の様子が目に入ってきます。子供同士が自然に交わり，思いを実現していく工夫が大切です。

　「図工の時間は，どこでも誰とでも相談したり協力したりしながら活動を進めることができる」と子供たちが捉え，安心して関わり合える環境をつくりだすことが大切です。

　材料を探す場所，試してみる場所，つくる場所など，それぞれの場で，様々な会話が繰り広げられ，一人一人が多くのことを感じながら活動を進めていくようにします。

③遊んで楽しんで伝え合う鑑賞の時間を設定する

　動くおもちゃをつくったら，実際に遊んでみることが何より大切です。動かしてみて，気付いたことや感じたことを友達と交流する時間をしっかり設けます。すると，子供たちはとても楽しくなって，それぞれの作品との距離をぐんぐん縮めていきます。夢中になって遊ぶ中で，つくった本人すら気付かなかった面白さを感じ取る子供も現れます。

　もちろん,作品を手に取って細かい工夫や面白いアイデアについて話し合うことも大切です。自分の作品との違いや同じところを見付けたり,動きの面白いおもちゃの仕組みについて語り合ったりします。

　気付いたことや感じたことは,その場で伝えるだけでなく,鑑賞カードに記入して,製作者に届けるようにします。子供たちのアイデアと感じ方は無限大です。

　鑑賞の時間は,双方が響き合う貴重な時間です。遊ぶ活動を通して楽しく鑑賞し,積極的に交流できる時間をつくることが大切です。

（荒木　宣彦）

鑑賞の授業

36 表現と鑑賞を関連付けるスキル

> **POINT**
> ❶子供が自然に鑑賞し始める環境や場づくりをする
> ❷材料と出会い，手にする時間をしっかり確保する

　授業のはじめに子供の作品を配るのですが，作品を子供に見えるように掲げた瞬間「あ，○○君の！」とすぐに声が上がり，子供たちが授業の中でいかに友達の作品や活動をよく見ているかが分かります。そもそも鑑賞は，目の前の物事や事象を捉え，発見し，そこから新しい意味や

価値を見いだし，見方や感じ方を深めるためにあります。

　子供は自分が活動に夢中になったり，材料と真剣に向き合ったりしていると，友達のやっていることにも興味をもつようになります。すると子供同士の鑑賞が自然と始まり，自分たちで感じたり，深く考えたりするきっかけになるようです。

❶ 子供が自然に鑑賞し始める環境や場づくりをする

　図工室や教室の机，材料や用具の配置によって，子供の動線がそのまま鑑賞の動線になります。

例えば木版画の刷り場に，クラスの人数にもよりますが，少しだけ順番待ちをしなければいけないぐらいの〈刷るセット〉を用意しておきます。机で彫っているときにも製作途中の作品を見合うことはできますが，一旦彫刻刀を置いて刷るのを待っている間に，版木を触ったり彫り跡を指でなぞったりしながら改めてお互いの彫り方を感じる時間が生まれます。スムーズに活動できることも大事ですが，友達を見ながら刷る手順を確認し，「早くやってみたいな！」と期待感を高めるような鑑賞も大切ではないでしょうか。

子供が机に集まる瞬間に，いい鑑賞が始まる！

　子供は面白いものに敏感です。授業の途中でどこかの机にみんなが集まっていたらいい鑑賞の時間の始まりです。「座りなさい」などと言わずに見守って，「おおー！」と歓声が上がったら「何が面白かったの？」と聞いてみましょう。子供は立ち合った出来事に刺激されながら席に着き，また自分の世界に戻っていきます。作品が全て仕上

がった後の鑑賞だけですと、せっかくの鑑賞が自分の活動に生かされません。材料や道具を取りに行きながら、何となく鑑賞が始まり、また活動に戻り、といったサイクルをつくることが必要です。

② 材料と出会い，手にする時間をしっかり確保する

　図画工作科の活動の中で、子供が自ら鑑賞の能力を発揮し始めるのは材料との出会いの瞬間からではないでしょうか。感じることと思い付くことは切り離せません。そのために材料との関わり方や、手にして感じる時間を大切にしなければなりません。

材料の味わい方は子供それぞれ。

　薄い紙をできるだけふわっと手渡し、子供がどんなやり方で紙の特徴を捉えるのか見てみましょう。頭からかぶってみる子、すぐにクシャクシャにする子、紙の薄さを味わうために投げてみたり下にそっと手を入れてみたりする子もいます。そこで子供は落ちてくるときの形の面白さに気付いたり、手

の影が紙から透けて見えたりしていることに気付きます。すぐに活動の説明を始めてしまうと、このようなはじめて出会った材料とのまっさらな鑑賞の時間が奪われてしまうのです。

　また，違う素材感でも色の系統を揃えて並べてみる，絵の具の混ざっていく様子を透明カップの下から眺めるなど，つくりだす手前の，まだ表現未満ともいえる行為こそが子供が感覚を働かせながら鑑賞している姿です。これは次の表現に向かう大きな原動力になり，この行為によって捉えられたものが子供自身の知識にもなり得るのです。

　造形遊びなどは，活動の途中で子供によって材料の意味合いがどんどん変化していきます。これも常に鑑賞と表現が隣り合っているからこその変化であり，子供のどんな鑑賞（感じること）が，どんな活動（思い付くこと）に展開していったのかを見取ることができれば，より子供の実態に沿った活動の提示の仕方や材料の手渡し方ができるのではないでしょうか。

（宮内　愛）

鑑賞の授業

37 作品提示で鑑賞への興味を引きだすスキル

POINT
- ❶ 出会いのきっかけを工夫して，その気にさせる
- ❷ 作品が身の回りにある環境をつくる

❶ 出会いのきっかけを工夫して，その気にさせる

　授業の導入で題材に関連した作品や写真資料を提示することで，子供が興味をもったりイメージを広げやすくなったりすることがあります。また，身近にあるものや風景を改めて見つめ，感じたことを書きとめたり簡単なスケッチをしたりすることなども導入時における鑑賞の活動の一つになります。その際，提示されたものが子供の表現の着地点になってしまわないようにすることや，スケッチしたことを基に，また新たに発想していくことなど，そこから子供が表現活動を展開させていけるようにすることが大切です。

　「これは何だろう」と材料をじっくり触りながら選ぶ時間も，子供は対象を捉えるための資質・能力を発揮しています。「今日はこれを使います」と

言ってただ配るのではなく，子供と材料の出会いについても工夫してみましょう。例えば造形遊びで薄いビニールシートをふわっと子供に投げて渡すと，空中に漂うシートに手を伸ばしながら，もうそれだけで楽しいことが始まりそうな気持ちになるのです。

②作品が身の回りにある環境をつくる

休み時間に図工室に来た子供が「さっき何年生の授業だったの？」と机の上にある作品や材料を見て，「早くやりたいな」とつぶやくことがあります。

子供が６年間の学習の見通しをもつことや，保護者や地域の方の造形活動への理解を促すためにも，作品は校内や校外に展示したり展覧会などでたくさんの人に見てもらえるようにしましょう。いいなと思った作品の感想カードを手紙のように書いて渡すのもいいでしょう。また，作品はちょっとした台に乗せてみたり，高さを変えた

り，置く場所を選んでみたりするだけで，図工室とは全く違う見え方になります。そうやって子供が自分の作品や活動を改めて見つめ，「やってよかったな」と感じられるといいですね。

つくっている途中の作品も，ロッカーの上や廊下の棚など目に付きやすいところに保管しておくことで，休み時間などに途中経過を鑑賞することができます。

作品がそこにあれば鑑賞は自然に始まります。「つくってよかった，つくったものを大切にしよう」，作品を通してそんな気持ちを育てるのも鑑賞の役目です。

（宮内　愛）

鑑賞の授業

38 地域の施設と連携した鑑賞の授業のスキル

POINT
❶何とどう出会うかを演出する
❷普段の図工の活動との関連を考える

　外に出かけ，本物の作品に出会うことや，美術館などの独特の雰囲気を味わうことも子供にとってかけがえのない鑑賞の経験になります。地域の美術館に出かけたり街中のパブリックアートを巡ったりしてみるといいでしょう。出前授業を企画  していたり作品を貸し出ししたりする美術館なども増えてきています。近くに美術館などがない場合は，それらを活用する方法もあります。

①何とどう出会うかを演出する

　それぞれの施設によって，作品や展示の仕方に特徴があります。どういう流れで鑑賞すればより深く味わえるのか，学芸員さんと事前に話し合うことが大切です。どの作品から見るのか，グループで見るのか個人で見るのか，学芸員さんの発問やワークシートの活用

など，限られた時間の中で子供たちが十分に意見を述べ合い，作品と関わることができるようにします。

作品の情報のみを得ることや，たくさん文字を書くことが目的になってしまわないように，書くことのポイントを決めたり，記入スペースの大きさなどワークシートも工夫をしたりします。せっかく一つの作品をみんなでじっくり見ることができるのですから，人によって様々な見方や感じ方があることに気付き，それを共有し合える場にしましょう。

②普段の図工の活動との関連を考える

事前に，「子供たちとどんなことをお話しましょうか」と尋ねてくれる学芸員さんや作家の方もいます。普段の図工のことや今までやった学習のことなどを伝えると，それと目の前の作品とを関連させながら話をしてくれます。「この着物の柄は，木を彫った版を一つ一つ押してつくっているんだよ。みんなはそういうのしたことはある？」と聞くと，子供は自分が版画で彫ったり刷ったりしたことを思いだしながら，「こんな細かい模様を彫ったの？」と改めて作品に見入っています。

鑑賞したことに関連して表現活動を設定することが必ずしもいいとは限りませんが，自分のやっていることと何かつながっている，そう感じたり，そう思えるような言葉を学芸員さんや作家の方から聞くことができたりしたら「面白いものをたくさん見たから，今度は自分がやってみたくなった」と，子供のつくりたい表現したい気持ちがまた大きくなるのではないでしょうか。　　　　　（宮内　愛）

何か別の世界の音が聞こえてくるみたい

※本項の写真とプログラムは，東京国立近代美術館工芸館が実施した，出張タッチ＆トークのものです。（2013年12月13日）

鑑賞の授業

能動的で創造的な鑑賞の時間をつくるスキル

> **POINT**
> ❶鑑賞のスタイルを子供の姿から考える
> ❷言葉を見える形にまとめて共有する

　出来上がった作品を全員で見合う，アートカードなどを利用して美術作品を見るなど鑑賞をメインにして活動する場面で，子供が自分から見たくなる，話したくなるようにするためには，子供が対象とどう関わっているかを見取ることが重要です。

①鑑賞のスタイルを子供の姿から考える

　「今日は自分が想像した花をえがいた作品を鑑賞します」などと言って自由に見に行くパターンもあるのですが，今回はチームみんなで隣チームの机に移動し，その机の上にある4枚の作品を鑑賞します。4枚だと比較的集中して見ることができるのですが，実はこの中から全体に紹介したい1枚を選ばなければなりません。みんなでどれがいいか話し合い，どう紹介すれば，その花のよさが伝わるか考えます。次に1チーム1分×9チームの紹介タイム。最後に全体の作品を自由に見て回ります。これは自分たちが感じた4枚の作品のよさ，友達の言葉から知る9枚の作品のよさ，そして自分で感じる36枚の作品のよさ。見る，話す，聞くのスケールを少しずつ広げていくやり方です。一度に見ると

目移りしてしまいますし，自分のチームの作品を選ぶとなると，作者に遠慮して思ったことを言えないという子供の姿があり，そこからこのようなスタイルにしてみました。

また，「○○なケーキをつくる」という低学年の題材では，授業の最後に，「友達のケーキを見にいこう」と投げかけました。すると，子供たちは台紙に作品を乗せて歩き回り，気付くとお互いに交換し合っていました。「みんなの作品をつなげたり並べたりして町みたいにしてから見よう」と提案してくれた子供もいました。

その活動の特徴にもよりますが，自分たちの作品をどう鑑賞するのがいいか，どう伝え合えばいいか，子供がどんな関わりを期待しているのかをつかむことで，より豊かな鑑賞の活動につながります。そして能動的な鑑賞を支えるのはそれぞれの子供の表現活動の充実であることも忘れてはいけません。

②言葉を見える形にまとめて共有する

アートカードなどで簡単なゲームをしていると，高学年などではカードに顔を近付けて細部を探りながら作品に見入る姿や，「ねえ，これ見た？」と自分の発見を友達に伝え合う姿が見られます。そこで感じ取ったことや発見を，言葉としてみました。右の写真は，作品から気付き推察したことを基に新聞記者になったつもりで書いた記事をまとめたものです。自分たちの言葉を，どう共有していくのか。子供の姿と一緒に考えてみるといいでしょう。

（宮内　愛）

ICT活用

デジタルカメラを活用するスキル

POINT
❶子供に撮影を任せる
❷作品の変遷を子供自身が活用できるようにする

　デジタルカメラは，動画も撮影できますが，静止画の記録に適しています。教師が活用する場合，主に，子供の活動の様子や作品の記録が考えられます。子供が活用する場合は，表現の過程において，自分の作品を記録することや，鑑賞活動で自分が見付けたものを記録することが考えられます。この記録したものを，指導改善に役立てたり，子供の資質・能力を育成するために活用したりします。

①子供に撮影を任せる

　表現の過程において，製作途中の作品や完成作品を，子供自身が記録することで，どのように撮影しようかと思考が生じます。また，子供の取り組みや作品へのこだわりが反映されます。撮影した画像から，新たな表現へのヒントを得て，活動を進めます。

　光をきっかけに造形的な活動をする造形遊びの題材では，子供が，自分がつくりだした光の美しさをデジタルカメラで撮影しました。繰り返し撮影するうちに，手がぶれて，光の線が表れました。「光を動かせば，線が残るかも」と，ライト

に紐を付け，手に持って回す様子を撮影しました。光の線がきれいな弧を描き，肉眼では見えない光の美しさを映しだすことができました。

1枚の記録の裏に，多くの試行錯誤が生じています。一瞬で切り取れるからこそ，よりよい表現を目指そうと，子供自身が取り組み続けるからです。教師は，1枚に表れたものだけでなく，そこに至るまでの子供の多くの試行錯誤を認め，称賛することが大切です。

②作品の変遷を子供自身が活用できるようにする

子供が記録すると，膨大な記録画像が残り，扱いに困ることがあります。そこで，

> 今日の1枚を選ぶ

ようにします。すると子供は，画像を見て活動を振り返るとともに，記録の中からどれが一番自分の思いが表せているか，考え，選びます。簡単に記録ができる利点を生かしつつ，選択をするようにすることが大切です。

教師も，選んだ1枚を通して子供の思考をたどることができます。また，記録したものをプリントアウトし，ポートフォリオ化することで，子供が次時の取り組みへとつなげたり，これまでの作品との比較から，振り返りを行ったりすることができます。このとき，記録を自らの表現に活用する意識をもつようにすることが大切です。

（中野　和幸）

ICT 活用

ビデオカメラを活用するスキル

POINT
① 授業記録は，デジタルカメラやボイスレコーダーを併用する
② スロー機能やストップ機能を用いて提示する
③ 子供の活動を発信するために活用する

　ビデオカメラは動画の記録に適しています。教師が活用する場合，主に授業記録として，子供の活動の様子や作品を記録することが考えられます。デジタルカメラ同様，この記録を，指導改善に役立てたり，子供の資質・能力を育成するために活用します。子供が活用する場合は，高学年の造形遊びや動きのある題材の記録等になるかと思います。

① 授業記録は，デジタルカメラやボイスレコーダーを併用する

　授業記録の際，一人一人の活動の変遷を記録することができればよいですが，機器の台数も，それを確認する時間もありません。そこで，ビデオカメラとデジタルカメラを併用して，授業記録を残します。ビデオカメラは，全体の様子を記録することで，子供の動線から活動の様子を推測することができます。右の図は，ある授業の子供の

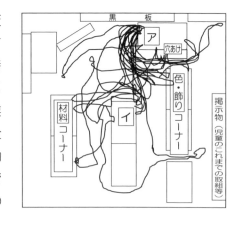

動線です。動線をたどることで,場の設定や掲示物が効果的であったのか,自然な鑑賞活動がなされていたか等を確認することができます。

デジタルカメラは,個々の子供や作品をクローズアップして記録します。授業開始時,展開,終末と,3段階で記録すると,変遷が見て取れます。

また,ボイスレコーダーを活用することで,教師の発言を客観的に振り返ることができます。子供の活動の様子をどのように見取り,それに対してどう言葉かけをしたのか。ビデオカメラの記録とあわせて授業記録をたどることで,自らの授業改善に大いに役立ちます。

②スロー機能やストップ機能を用いて提示する

のこぎりや小刀の使い方等,用具の扱い方の基本を指導する際,動画は役立ちます。プロジェクター等を用いて提示し,動きのイメージを共有することが可能です。また,用具を,手の延長として自由に扱えるようになるには,イメージが重要です。スロー機能を使い,具体的に用具がどう動いているのか子供が着目することで,動きをイメージすることができます。

例えば,水の形を捉える造形遊びでは,水の一瞬の姿を記録することが困難です。そこで,動画で記録し,スロー再生をし,お気に入りの瞬間をストップさせて切り取ります。一瞬の動きから,形の美しさや面白さを見付けだす題材で活用すると,子供はいろいろな発見をするでしょう。

水の美しさをつくりだす様子を撮影した1コマ

③子供の活動を発信するために活用する

動画での発信は,静止画より効果的です。特に,生き生きと活動する子供の様子を懇談会等で見せると,保護者は子供の新たな一面に気付きます。図画工作科の授業での様子を,授業内で留めるのではなく,発信する方法の一つとして,ICT機器の活用は効果的な手段となります。

(中野　和幸)

ICT活用

プロジェクター・テレビ画面を活用するスキル

> **POINT**
> ❶導入で興味や関心を高め，イメージをもてるようにする
> ❷展開・終末で，活動や振り返りの手助けにする

　一斉指導の際，大きな画面で画像や動画を見せることで，その画面を基に意見を交流することができます。導入，展開，終末と，それぞれの場面でねらいをもって提示することで，興味や関心を高めたり，見通しをもたせたり，活動や振り返りの手助けとなったりします。「百聞は一見にしかず」です。

①導入で興味や関心を高め，イメージをもてるようにする

　これまでの活動や，プレゼンテーションソフトを使って作成した説明を提示することで，本時の活動への意欲付けをしたり，見通しをもたせたりすることができます。事前の準備が必要になりますが，授業の組み立てを具体的に考えることになるので，授業イメージが明確になる上，短時間で効果的な導入を行うことができます。例えば，絵の具の準備の仕方を提示しながら一緒に準備をする，こすり出しの技法を動画を見て知る等，大きな画面で映すことで，学級全体の共通理解が図れます。

　動きのある題材では，動画で示すと効果大です。クランクやカムを使った工作やその仕組み等は，作品を動かして見るより，大きな画面で見せる方がよく分かることがあります。その際，「予想をさせる⇒動きに着目⇒仕組みに着目⇒具体的なつくり方」と，焦点化しながら繰り返し示すことで，活動の見通しや作品のイメージをもてるようにすることができます。

また，参考作品をフラッシュ的に提示すると，参考作品の画像は消えますが，子供の頭の中には印象として残ります。絵画指導等，実際の作品で参考資料を示すこともできますが，ややもすると，それを真似することに終始してしまうかもしれません。参考作品を大きな画面でフラッシュ的に提示することで，イメージとして残り，子供は自分のイメージを表すことを大切にしながら活動することができます。

　いずれにしても，何を，どんな目的で提示するのか，教師が授業イメージをもって授業準備を行う必要があります。

②展開・終末で，活動や振り返りの手助けにする

　大きな画面に映すことで，子供の様子や作品から指導したい部分を焦点化して示すことができます。紙や箱の接着の仕方やはさみの使い方等，「技能」において，友達の活動の様子を参考にして取り組むことで，自分の技能を育てることにつなげられます。終末において，活動の変遷を提示することで，活動を振り返ることができます。高学年の造形遊びでは，活動場所や内容が広がるため，活動の共有が難しいことがあります。デジタルカメラやビデオカメラで記録したものを，プロジェクター等で提示することで，お互いの活動の様子を知ることができます。その際，作品だけでなく，子供の様子を記録し提示することで，「この真剣な顔がすてきだね。何を考えていたの？」と，取り組みの姿として評価するとともに，そのときの思考について聞きだすことができます。子供の姿から，活動中に働かせている資質・能力に，子供自身が意識を向けて振り返ることができます。

　しかし，子供の実態に合わせた活用及び提示方法を考える必要があります。低学年では，実物の方がよりイメージしやすいかもしれません。子供の実態に合わせ，子供の資質・能力を育成するのに効果があるかどうかを十分に検討した上で活用することが大切です。

（中野　和幸）

ICT活用

43 タブレット端末を活用するスキル

> **POINT**
> ❶グループで使用する
> ❷子供の活動のヒントとなるように活用する

　タブレット端末の利点は,「持ち運びが可能」であることと,画面が大きく,複数人で見ることができることです。デジタルカメラのように静止画や動画を撮影するだけでなく,画像や動画の加工・編集も容易に行えます。高学年になれば,タブレット端末を使用し,撮影した画像を加工しながら4コマ漫画を実写版で作成する,といった表現活動も考えられます。

①グループで使用する

　4,5人で1台を使用させることで,画面を通した対話が生まれます。
　例えば,自分の分身をつくり,身の回りの気に入った場所に置いて見る鑑賞活動では,「ここが面白そう。ここで撮りたいな」「宙に浮かせたら？」「じゃあ,紐をつなげて,上から持っておくよ」「飛んでいるみたいに見えるよ！」「もう少し大きくしたら？」「ぼくは押さえておくよ」…と,子供たちが対話をしながら撮影者のイメージを明確にし,協力してそのイメージを記録しようとしました。また,後から撮影した画像を確認しながら,「かくれているみたいで面白

いね」「ぼくは好きな本に囲まれているから，この写真が好きだな」と，活動を振り返りながら感想を交流する姿が見られました。

しかし，単にグループで使用させればよいわけではありません。授業のねらいに沿って，タブレット端末の特徴が生かせるようにすることが大切です。

②子供の活動のヒントとなるように活用する

こすりだしの技法を使って，身の回りの凸凹を写し取る題材では，子供がこすりだしている様子を動画で記録し，うまくこすりだせていない子供や，似た活動を行っている子供に動画を見せました。友達の活動の動画を見ることで，「面白そうだな，ぼくもやってみよう」「○○さんは色を重ねてこすりだしているな」と，新たな表現活動へと向かう意欲につながりました。

子供の発想を広げたいときに，友達の活動は大いに参考になります。表現活動の展開において，子供の様子を記録し，それを他の子供に紹介することで，「あの材料を使ってみたいな」「よく思い付いたな」「見にいってみようかな」と，活動のヒントとなったり，子供同士の交流につなげたりすることができます。ただ，むやみに紹介するのではなく，必要なときに必要な情報を，視覚的に提供することが大切です。

スマートフォンの普及に伴い，タブレット端末は，子供に身近なものになりつつあります。使い方を知り，使い方に慣れると，子供自身がそのよさを実感し，記録データの加工・編集を行ったり，デジタルポートフォリオとして積極的に記録を残したりできます。ただ，使うことが目的になっては本末転倒です。資質・能力を育成するために活用する意識が大切です。

（中野　和幸）

材料や用具の使い方指導

はさみの使い方に慣れるようにするスキル

> **POINT**
> ❶なぜ，そうするとよいのかを子供に実感させる
> ❷安全にはさみを使うための約束をする
> ❸正しいはさみの持ち方，切り方を指導する

①なぜ，そうするとよいのかを子供に実感させる

　はさみは，てこの原理を利用した用具です。柄が力点，交差する部分が支点，刃の部分が作用点となります。また，右手用と左手用があり，刃の向きで見分けることができます。特に左利きの子供のはさみは事前に確認しておきます。

左手用・右手用

　はさみの使い方指導は，低学年で行います。幼児期に使ったことがあったとしても，低学年で安全に，有効に用具を使うための指導を改めて行うことは，子供が楽しくのびのびと学習する上で大切なことです。はさみの使い方指導は，子供の発達の段階が進むと扱う用具が増えていく図画工作科の用具の指導の入口といえます。用具の指導では，子供に「なぜ，そうするとよいのか」を実感させながら指導することが大切です。②，③では，はさみの指導上でのポイントを挙げていきますが，子供に実際にはさみを持たせ，正しい使い方のよさを体験させながら指導していきましょう。

②安全にはさみを使うための約束をする

　はさみは，子供が幼少期から親しんでいる一番身近な刃物です。刃物です

から，まずは安全指導を第一にします。

安全に楽しく活動するために，子供と以下のポイントを約束します。

・座って使いましょう。
・使い終わったら刃を閉じて，決まったところ（机前方など）に置きましょう。
・刃先は人に向けません。渡すときは，刃の部分を持って渡しましょう。

これも，子供に「なぜ，そうするとよいのか」を考えさせていきます。

③正しいはさみの持ち方，切り方を指導する

はさみは，指を奥まで入れすぎないように，安定して動かすことができるように持たせます。

刃先まで使って大きく「チョッキン」と切ってしまうと，刃先の厚みで紙が破れやすくなります。刃の根元から途中までを使って，「チョキ，チョキ」と切り進むように指導します。低学年の子供には，「チョキ，チョキ」という言葉とともに刃の動かし方を確認させるのも有効です。

安定する持ち方

また，はさみを使って曲線を切るときは，はさみは体の正面で使い，紙を回して切るようにします。このとき，子供は体が曲がったり，肘が上がったりしやすくなります。よい姿勢を保ち，肘に力が入らないようにすると，はさみの刃を寝かすことなく，切りやすい向きで使うことができます。

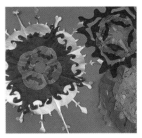

はさみで曲線を切って表現した切り絵作品

子供に実感させることで，正しく用具を使うとよりよい表現ができることをはさみの用具の指導を通して伝えたいですね。

（有川　貴子）

材料や用具の使い方指導

のりの使い方に慣れるようにするスキル

POINT
① のりの種類と特性を体験的に理解させる
② のりの有効な使い方を押さえる

① のりの種類と特性を体験的に理解させる

　一般に「のり」と呼ばれるものにも，様々な種類があります。子供は年齢が上がるほど，手軽さを重視してのりを選ぶ傾向がありますが，接着するものに適していない場面もしばしば見られます。子供にそれぞれの特性を体験的に理解させながら，その都度接着する材料に適したのりを選ぶよう働きかけていきます。のりには例えば次のようなものが考えられます。

・でんぷんのり
　植物性原料なので，指で扱うのに安心。幼少時から親しんでいる子供が多い。指先で，のりを均一に広げることを体感的に学習できる。また，水で薄めて使うこともできる。作品や机が汚れやすいので，下紙やぬれタオルを用意して使うとよい。はみでると目立ちやすく，接着に適さない材料もある。

・スティックのり
　固形で，口紅のように繰りだして使うことができるので，指が汚れにくい。
　乾くのが早く，紙の接着に適しており，和紙などもしわになりにくい。

接着力はやや弱い。塗ったところに色が付いて分かりやすいものもある。
・液体のり
　透明な液状が多く，はみでても目立ちにくい。接着力が強い。紙や布の接着に適している。和紙などの薄い紙では浸透し，ふやけてしわになりやすい。
・テープのり
　テープ状にのりが容器から送りだされ，直線上に，指を汚さずに接着することができる。液状ではないため，紙にしわもできにくい。テープ幅も様々なものがあるが，広い面の接着には不向きである。接着の強度により，仮止めに使えるものもある。

②のりの有効な使い方を押さえる

　接着に適したのりを選んだら，次はその使い方について押さえます。例えば，のりを接着する面に薄く均一に伸ばすことと，面の中心から接着し，外側に向かって圧着していくようにすると使いやすくなります。

「のり」の広げ方

　ここで押さえた接着の方法は，子供がやがて使うボンドやシート状の接着剤，テープ状の接着剤にも応用できます。

　工作の学習などで，接着したいがために大量の木工用接着剤を出してすぐに材料を当て，付かないという子供の様子に出会うことがありますが，多くの場合，のりの有効な使い方から理解できていないようです。

　接着剤を使う機会は，学校生活でも，普段の生活でも数多くあります。接着の基礎としてのりの有効な使い方を指導していきましょう。　　（有川　貴子）

材料や用具の使い方指導

カッターナイフの使い方に慣れるようにするスキル

POINT
❶ 安全上の約束を押さえ，用具管理をする
❷ 刃を観察させ，安全な使い方を押さえる

① 安全上の約束を押さえ，用具管理をする

　小学生の子供が，はさみの次に出会う刃物の多くが，カッターナイフです。はさみよりも格段にけがの危険の増す用具ですから，まずは何よりも安全指導が大切です。私は子供と刃物（はさみ，カッターナイフ，彫刻刀や電動糸のこぎりなど）を使った学習をする際の大原則として，「自分も，他人も，ものも傷付けない」という目標を伝えます。正しい使い方を知ることや守るべき約束は，用具を使って楽しく活動するためのものであることを話してから，授業がスタートします。

　カッターナイフを使った学習をする際に，子供と約束することは，先述のはさみを使った学習での約束と同じく，

・座って使いましょう
・使い終わったら刃をしまい，決まったところ（机前方など）に置きましょう
・刃先は人に向けません。渡すときは，しまった刃の部分を持って渡しましょう

の3点が基本となりますが、これに、

> ・話をするときは自分も相手もカッターナイフを置いてからにしましょう

を付け加えます。不慮の事故を防ぎ、程よい緊張感を保って刃物を使う雰囲気づくりをしていきます。また、子供が用具をどう使うかだけでなく、用具の管理も教師の役目の一つです。刃物は番号を付けるなどして片付けを見届けることのほか、他の用具とあわせて使う学習のときなどには、班ごとに「用具ボックス」を用意し、机の中央に置いておきます。使い終わった用具は、「用具ボックス」に入れるよう指導すると、机上が整い安全に活動することができます。

用具ボックス

②刃を観察させ、安全な使い方を押さえる

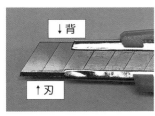

カッターナイフの刃と背

カッターナイフの刃の部分には、「刃」と「背」があります。使いはじめには、形状、切れるところ、切れないところを子供と観察し、確認します。また、出す刃の長さは、切るものの厚さに合わせて、1～2目盛り程度でよいことや、切れ味が落ちたら折って使うことを、演示や体験を交えて押さえておきます。

カッターナイフは、刃を立てて使い、ぐらつかない持ち方にします。刃は、「自分のおへそ(体)の方に向かって動かす」と教えておきます。活動に夢中になると横方向に刃を動かすことがあるので、はさみと同様に、紙などを回して、同じ方向に刃を動かすことを意識させます。カッターナイフを持たない方の手は必ず刃よりも前方に置くようにすると、けがの防止になります。

(有川　貴子)

材料や用具の使い方指導

水彩絵の具の使い方に慣れるようにするスキル

POINT
❶使いやすい用具の配置を伝える
❷絵の具の濃さは，分かりやすい言葉で伝える
❸ブース型で，多様な表し方に触れるようにする

① 使いやすい用具の配置を伝える

　水彩絵の具を使った学習では，下の例のように用具を配置するようにし，子供が活動しやすい机上にすることが大切です。例えば，

・筆洗バケツ，筆は利き手側
・パレットは利き手と反対側
・収納バッグは足下へ
・絵の具は使う色だけパレットへ出して，後は収納バッグや机の中などへ

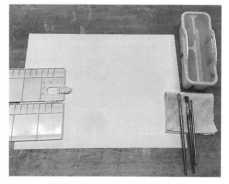

右利きの子供のための配置例

のポイントを示して準備させます。
　少しの工夫で活動がしやすくなり，子供が意欲を減退させることなく取り組むことができます。パレットでの絵の具の広げ方や，筆洗バケツの使い方も，絵の具の導入時だけでなく，各学年ではじめて絵の具を使う題材において改めて押さえておくとよいでしょう。

②絵の具の濃さは，分かりやすい言葉で伝える

水彩絵の具は水で溶くことで濃さを変えられる絵の具です。ふさわしい水の量が子供につかめるようにするために，溶いた絵の具の様子を，食べ物等でイメージさせることも有効です。チューブから出したばかりは「マヨネーズ」，たくさんの水で溶いたのは「ジュース」など。紙の上に乗せたとき，水の量で色の見え方が変わっていくことが感じられるような題材を設定しましょう。

同じ色でもこんなに変わる

③ブース型で，多様な表し方に触れるようにする

絵の具は，濃さや方法を変えると本当に多様な表し方をすることができます。モダンテクニックなど，たくさんの方法を試させたいときには，「ブース型」指導をします。机ごとに用具を変え，子供が教室内を自由に行き来して机を回り，方法を試す時間を設けます。子供は体験的に多様な方法を知り，自然と「これは波みたいだな」「これで星空をかいたらきれいだろうな」と想像し始めます。体験的に知ることで，製作の場面でも，自然とその方法を使う様子が見られるようになります。材料の特徴を感じさせる場面，発展させて自分の表現をする場面の両方によって，材料や用具の学びは深まっていきます。

（有川　貴子）

体験型ブースの設置例

材料や用具の使い方指導

のこぎりの使い方に慣れるようにするスキル

POINT
❶ 目や耳など体全体の感覚で切り方をつかめるようにする
❷ 活動開始後は個々のつまずきに応じて支援する

　子供たちは，のこぎりを通して伝わってくる抵抗感を体全体で感じ取り，夢中になって切っていきます。切ることを楽しみながらのこぎりに慣れていくためには，子供たちの体の大きさに合ったのこぎりの準備と，安全指導が不可欠です。机の上に置くときは，のこぎりの刃がはみでないように置く，持ち運ぶときは体の横で持ち，腕を振らず静かに歩いて移動する，といった指導を使用前に行います。

① 目や耳など体全体の感覚で切り方をつかめるようにする

　子供たちを集め，のこぎりで木を切ってみせます。そのときに，

> 顔の位置はどこにある？
> どちらの手に力が入っているかな？
> どこが動いている？

などと見る視点を伝え，のこぎりを使うポイントに気付くようにします。顔の位置はのこぎりの真上，木を押さえている方の手に力を入れ，のこぎりを持っている方の手は力を入れすぎないようにする，肩を起点にして腕を前後

に動かし，刃全体を使って切る，などを確認します。さらに，切っているときの力の入れ具合や速さがイメージできるように，

> 最初はこちょこちょこちょと軽い力で切込みを入れよう。その後はギコギコギコとゆっくりしたリズムで切っていく。最後はギーコギーコとゆっくり切り終えよう。

と，切っている場面に合わせて伝えます。

のこぎりは，机で切る方法と図工室のいすを使って切る方法があります。両方の切り方を教え，切りやすい方を選べるようにします。最初の活動時に準備しておく木は，手で押さえる部分が十分にある長さ（大きさ）で，かつ「これなら切れそう！」「よし，切るぞ」と思える太さのものを用意します。

②活動開始後は個々のつまずきに応じて支援する

切っていくうちに押さえる部分が短くなってきたり，子供によっては木を押さえる十分な力がなく，木がぐらぐら動いたりする場合があります。子供たちが切りづらそうにしていたら，クランプや万力を紹介し，安全に切ることができるようにします。

1本の木を切り終えた子供たちは達成感をもち，さらに切っていきたくなります。厚さや大きさの違う木を数種類用意しておき，自分で切りたい木を選んでどんどん切っていくことができるようにします。子供たちは切りながら，木に合った適切な力加減と切りやすい角度を見付けていくでしょう。

思うように切ることができない子供には，切っている方の手に余計な力が入っていないか，のこぎりの角度が木の厚さに対して大きすぎたり小さすぎたりしていないか，のこぎりをまっすぐ後ろに引いているかなどを確かめながら，手を添えて一緒に切り，のこぎりがスムーズに動く感じを体感させます。

木による切れ味の違いや切れていく感じを体全体で味わいながら，楽しんでのこぎりに慣れていくことができるようにしましょう。

（落合　慶子）

材料や用具の使い方指導

金づちの使い方に慣れるようにするスキル

POINT
① 打つときの力の入れ具合や速さを言葉にしてイメージをもたせる
② 楽しみながら，釘をどんどん打つことができる題材を考える

　子供たちに金づちと釘を見せると「幼稚園で使ったことがある！」「おじいちゃんが持ってる」など，様々な反応が返ってきます。これまでに使ったことがある子供も，はじめて使う子供も，試しながらどんどん打つことができるような長さや太さの釘を，十分に用意しておきます。釘を打ち込んでいく木は，安定感があり，釘がぐらぐらしない程度にまで打ち込むことができる厚さのものを準備します。

① 打つときの力の入れ具合や速さを言葉にしてイメージをもたせる

　まずは教師が釘を打ってみせます。釘をまっすぐにして指で支え

> 最初は軽く　トントントン
> 釘がぐらぐらしなくなったら　ドンドンドン

と，打つときの力の入れ具合や速さを言葉にして伝えながら打っていきます。教師が打つ音に合わせて，子供たちも手首をやわらかく動かしながら，「トントントン」「ドンドンドン」と一緒に声を出してもよいでしょう。
　金づちが釘の中心に当たるように，まっすぐ打ち下ろすことも大事です。

金づちに矢印をはりつけて（写真1）'まっすぐ'のイメージを視覚的に分かりやすく伝える方法もあります。

釘を手で支えることが難しい子供には、きりを使って木に少しだけ穴をあけ、そこに釘をさして安定させてから打つ方法や、指の代わりにラジオペンチで釘を挟む方法（写真2）を教え、まずは楽しく釘が打てるようにします。

写真1　　　　写真2

釘が曲がってしまったとき自分で対処できるように、釘抜きの使い方も指導しておきます。

②楽しみながら、釘をどんどん打つことができる題材を考える

釘と金づちといえば、木と木をつなげる用具というイメージが強いですが、子供たちにとって釘は、すてきな材料の一つです。

> 釘をどんどん打っていこう

などと提案すると、子供たちは夢中になって釘を打ち始めます。釘が木に打ち込まれていく感覚を体全体で味わいながら、工夫して打っていきます。ジグザグに打つ、髪の毛を表そうと密集させて打つ、少しずつ高さを変えて階段状に打つなど、釘に新しい意味や価値が生まれてきます。他の材料を用意しておくと、ビーズの穴に釘を通して打ったり、毛糸を釘に巻いたり、ペンで釘の頭に色を塗ったりして、さらに活動が広がります。

「でこぼこに打ちたいから、この釘は深く打ち込もう」「坂道をつくりたいから、斜めに打とう」といった、自分の思いを実現しようとする主体的、創造的な活動の過程で、子供たちは用具に慣れ技能を身に付けていくのです。子供たちのそんな活動が保障できる題材を考えましょう。

（落合　慶子）

材料や用具の使い方指導

糸のこぎりの使い方に慣れるようにするスキル

POINT
❶少しずつレベルアップ！
❷待っているときにできることを考えさせる

　多くの子供たちは，図工室にある電動糸のこぎり（以下，「糸のこぎり」）に興味津々ですが，中には機械や刃物に対して，不安感を抱いている子もいます。全ての子供が安心して使えるように，スモールステップで指導し，思いのままに木を切る楽しさを味わえるようにしましょう。

①少しずつレベルアップ！

> 直線を切ってみよう。
> グニャグニャ切りにもチャレンジして，目指せ糸のこ名人！

　まずは，教師が糸のこぎりの真正面に立ち，切るときの姿勢を示します。そして，両手で木をしっかりと押さえること，刃の前に手を出さないことを確認します。その後，実際に切ってみせながら，木を押していくスピードや刃を動かしたまま曲線を切っていく様子に注目させ，切るときのイメージがもてるようにします。特に，糸のこぎりを使うことに不安を感じている子供たちが，「正しい使い方をすれば安全で便利な用具なんだ！」と思えるように示すことが大事です。

　木は，切りやすい厚さで，かつ両手で押さえることができる大きさのもの

を用意します。

まず直線を切ります。子供たちは，両手で木を押さえ，ゆっくりと前に押しながら切っていく感覚をつかんでいきます。このとき，立っている場所が糸のこぎりの真正面であるか，正しい姿勢で切ることができているかも確認します。

直線が切れたら次は曲線です。ここでは，あらかじめ線をかいてその線に沿って切るということはしません。線のとおりに切れないと「うまくいかない」「失敗した」という気持ちになり，切るのが楽しくなくなります。はじめての糸のこぎりの学習では，思いのまま試しながら切っていくことが大切です。子供たちは様々な曲線を切りながら糸のこぎりに慣れていくのです。

さらに挑戦できる子は，ギザギザやカクカクに切っていきます。曲線を切るときと同じように，糸のこぎりを動かしたまま木の向きを変えるようにします。一旦スイッチを切り，木を直角に曲げてから再度スイッチを入れると，刃が跳ねたり折れたりして危険です。難しい子には，曲がる部分に，あらかじめきりで穴をあけさせておくとよいでしょう。そうするとスムーズに向きを変えることができます。

思いのまま切りたい形に切る楽しさを味わいながら，糸のこぎりの使い方に慣れていくには，子供たちが十分に試すことのできる時間と材料を確保しておくことも大事です。

②待っているときにできることを考えさせる

糸のこぎりの台数は子供の人数分あるわけではなく，当然待ち時間が生まれてきます。その時間も大事な活動時間なので，子供たちにどんな活動ができるか考えさせます。「友達の活動を見て回り，切るときの参考にする」「切り取った木に紙やすりをかける」「色を塗りたい」など，子供たちは思いを表現するために必要な活動を考えます。意見が出てこない場合は，活動の見通しをもたせていくために，教師の方から提案します。　　　　（落合　慶子）

作品展示

平面作品を効果的に展示するスキル

POINT
❶ 題材名を掲示する
❷ 間隔をあけ，大きさや色合いも考慮する
❸ 育成を目指す資質・能力や，具体的な姿を保護者へ紹介する

　平面作品は，教室の後ろの壁面に展示されることが多いです。そして，クラスの大半の作品が展示されます。作品が展示されると，子供たちは目を輝かせながら，自分の作品を探します。その光景は，いつ見てもほほえましいです。作品展示の作業は，子供の作品を大切に思う気持ちを表現し，改めて作品に込められた子供の思いと向き合える楽しい時間にします。

①題材名を掲示する

　例えば，「面白いどうぶつたち」「キラキラシャボンの絵」等の題材名を以下の位置に配置し，全体のテーマが伝わるようにします。

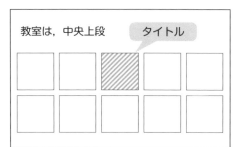
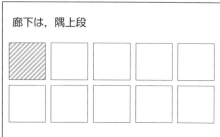

②間隔をあけ，大きさや色合いも考慮する

　作品同士の間隔は，あけて掲示します。また，作品にかかれているものが細かいものが多い場合は，下の段に展示することで見やすくなり，作品をより味わえます。作品自体の色合いや台紙の色などは，同じものは隣り合わないようにすることで，個々の作品が引き立ってきます。一人一人の作品のよさを引きだすことを考えながら，展示を工夫することが大切です。また，同じ動物・種類（魚・昆虫等）は離すなどバランスよく配置します。

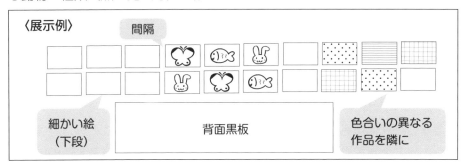

③育成を目指す資質・能力や，具体的な姿を保護者へ紹介する

　授業参観等で保護者が作品を見たときに，つい作品の出来栄えに目を奪われてしまいがちです。そこで，図工の授業で育成を目指す資質・能力を作品のそばに明示します。それに具体的な姿を合わせて掲示することで，作品に表れている子供の学びを読み取っていただくことができるようになります。

（長阪　浩倫）

作品展示

立体作品を安全に見やすく展示するスキル

> **POINT**
> ❶子供の目線の高さに合わせて展示する
> ❷展示スペースを確保する
> ❸展示期間が短い場合は，写真を撮る

　立体作品は，教室の後ろのロッカーの上に展示されることが多いです。毎年，夏休み明けには，いろんな工作が並んで小さな美術館のようです。授業で製作した立体作品も，同じように展示することができればと思ってはいても，作品の大きさによっては，スペースが限られていてクラス全員の作品を展示できないケースもあります。それでも，なんとか展示スペースを確保して立体作品のよさを味わわせるようにしましょう。

①子供の目線の高さに合わせて展示する

　立体作品は，様々な角度から鑑賞できるので，展示場所の高さが重要になってきます。教室のロッカーは，低学年には多少高いです。教室の机くらいの高さがちょうどよいでしょう。地区の美術展等では，会議室の長机を使用することがあります。子供の目線に合わせることを意識して展示することで，大人には気付かないことを発見することもあります。

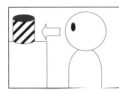
教室背面のロッカーの上は，低学年には高い。

教室の机は，斜め上からも鑑賞することができる。

②展示スペースを確保する

　空き教室や共同空間のある学校では，一定期間展示することが可能です。しかし，教室・廊下・階段・昇降口などの子供の生活動線内にしか展示できないこともあります。子供の安全面を考えても，生活空間を狭くしたり，壁面から跳びだしたりしてしまうような展示は避けたいものです。

　そこで，安全に留意しながら展示台を自作することをおすすめします。展示場所は廊下で，給食の配膳台や掃除の雑巾かけ等が置いてある辺りが適当です。百円均一のお店にあるワイヤーネットをL字に連結させると簡単にできます。大きさは作品の大きさに合わせてつくり，1台に1作品載るようにします。作品の重さによっては，アルミの針金を使って，強度を高める必要があります。

百円均一のお店の材料で
自作してみた

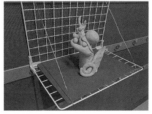
重い作品のときは
針金を渡して強度を高める

下に物が置かれている
スペースに設置

③展示期間が短い場合は，写真を撮る

　粘土作品の展示は，大変魅力的です。しかし，少し経つと形がくずれてしまうことがあります。また，休み時間に粘土で遊ばせたいときもあります。そのため，展示期間も1週間が適当です。

　そこで，展示期間が短い立体作品は，写真を撮っておくことをおすすめします。写真を撮るときは，三方向から撮るのが望ましいですが，一方向の場合は，その作品の量感や立体感が出るような方向から撮ります。写真を撮るときに，子供と話しながら撮るのもよいでしょう。

（長阪　浩倫）

53 展示する場所を生かした活動をするスキル

作品展示

POINT
1. クリアファイルを活用する
2. 突っ張り棒を活用する

　作品によっては、壁面以外の場所に展示することが好ましいものもあります。例えば、風や光を当てることを目的にしたものや複数の作品を集めて飾るものです。あらかじめ展示場所を考えて、活動を工夫することも大切です。

① クリアファイルを活用する

　お花紙やセロハンのように、光を通すことで美しさを増す材料を授業で扱うことがあります。そこで、光を通したときの色の面白さや美しさに出会わせるために活用するのが、クリアファイルです。

　クリアファイルに入れたお花紙は、何度も重ね直しができ、子供が試行錯誤しながら、発想を広げていくことができます。

　特に、授業中は自分の席で光に透かして作品の色合いを確認することができます。また、ペアで席を向かい合わせにすれば、自分たちがしたいときに相互鑑賞を行うこともできます。このときは、クリアファイルが作品ケースの代わりになります。

クリアファイルには，他の活用法もあります。ちぎったお花紙を洗濯のりで付けるときには，土台にすることもできます。しかも，乾かすときはそのまま窓に貼って乾かすことも可能です。そして，窓に展示すると，大変きれいです。

②突っ張り棒を活用する

　複数の作品を集めて飾るときには，作品に紐を付けて吊すことがあります。今回は，厚みのある窓枠に突っ張り棒を付けて作品を展示してみました。

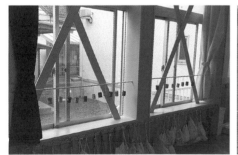

　窓際は，風が吹くので作品が回転しやすくなるようなものにすると楽しめます。

　また，天候や展示期間を配慮すれば，屋外の樹木に作品を吊して展示することもできます。

（長阪　浩倫）

作品展示

評価につながる名札づくりのスキル

POINT
① 作品に対する子供の思いが語られるようにする
② 自己評価ができる部分を設ける

① 作品に対する子供の思いが語られるようにする

　作品が出来上がるとすぐに必要になるのが名札です。ここでは，作品のタイトル（題名）と氏名を書く欄だけではなく，作品に対する子供の思いが語られるような欄も設けていきます。

```
┌─────────────────────────────────────────────┐
│  タイトル　おしゃれなダンゴムシさんのおさんぽ，どこいくの？  │
└─────────────────────────────────────────────┘
　○年　名前（　　○○○○　△△△△　　）
作品について
　　シャボンのあとが，ダンゴムシに見えました。
体に，キレイな色がついていたのでおしゃれな
もようもかきました。たくさんの足をうごかして
食べものさがしのおさんぽです。
教師のコメント
　ダンゴムシのうごきが，面白いです！　もようもカラフルですね。
```

名札の例

どの子供も，自分の思いを作品に表現しています。それは，形であったり色であったりと表現方法も様々です。教師は，製作の過程で子供の思いに寄り添いながら支援をしていきます。

　名札に「作品について」の欄があることで，より子供の思いを理解しながら作品を見ることができるので，評価したりコメントを書いたりするときも役立ちます。

②自己評価ができる部分を設ける

　題材に合わせて作品表に4つの項目で自己評価ができる部分を設けてみました。

①〜④は次のような内容が考えられます。
①満足している。（作品に対しての満足度）
②形の美しさ・色の面白さに気付くことができた。表し方を工夫できた。
　　　　　　　　　　　　　　　　　　　　　　　　　　【知識及び技能】
③形や色から発想や構想ができた。友達の作品から自分の見方や感じ方を広
　げられた。自分のイメージが浮かんだ。　　　【思考力，判断力，表現力等】
④自分の思いが表現できた。主体的に活動できた。
　　　　　　　　　　　　　　　　　　　　　【学びに向かう力，人間性等】

　「できた」という評価の場合は，好きな色で三角形を塗りつぶし，「できなかった」「もう少し」という評価の場合は，塗らないようにします。

　②〜④の評価項目は，新学習指導要領に即した資質・能力の3つの柱とつながっています。

　　　　　　　　　　　　　　　　　　　　　　　　　　　（長阪　浩倫）

作品保管

平面作品を効率的に保管するスキル

> **POINT**
> ❶ 保管スペースを考えて年間指導計画を立てる
> ❷ 配付，回収を授業の中に位置付ける
> ❸ クラスごとに保管する

①保管スペースを考えて年間指導計画を立てる

　4月に授業の年間計画を作成するときは，作品保管のことも考えて作成しています。本校の図工室では350人ほどの5年生と6年生の子供たちが授業を受けています。しかし，決まった保管スペースがなく，いつも作品があふれています。図工室のそばには廊下や空き教室などのスペースがなく，作品を置く場所に悩まされます。2学年分の立体作品を置くスペースはないので，5年生と6年生の立体題材の期間が重ならないようにしています。5年生が立体をしているときには6年生が平面をしているという感じです。

②配付，回収を授業の中に位置付ける

　授業のはじめは図工室の机にランダムに作品を置きます。図工室に来た子供たちは自分の作品を探しながら，友達の作品も見ています。友達の作品を見たり自分の作品を見てもらったりして，クラス全員で一人一人の作品の途中経過を共有しています。一人きりで作

品をつくるのではなく、オープンに感想を言い合いながらみんなで作品をつくり上げるような授業ができたらと思っています。

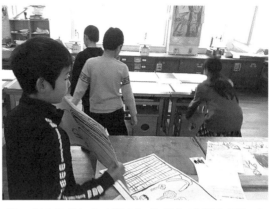

平面の授業の最後には、各自の机の上に作品を置いたままで絵の具を乾かします。絵の具の乾いた作品の回収は、ぜひ子供たちに任せてみましょう。「この色いい感じ」などと感想を言いながら楽しく作品を集めてくれます。すぐに絵の具が乾きそうにない作品や版画は、授業の最後に乾燥棚に入れ、乾かしてから集めます。

③クラスごとに保管する

集めた作品は新聞紙などで挟み、クラスを書いておきます。クラスごとに棚に分けておく方法もありますが、次の授業まで置いておくには手軽なのでこの方法で保管しています。

学年・クラスを記入

作品が出来上がったら教室で展示し、その後返却します。低学年を担当していたときは、学年末に作品バッグを用意し、1年間の作品をまとめて返していました。1年分保管した作品をアルバムのようにして返す方法もあります。

（森本　睦）

56 立体作品を効率的に保管するスキル

作品保管

> **POINT**
> ❶授業の前に保管スペースを準備する
> ❷回収，配付がしやすい保管方法の工夫をする

①授業の前に保管スペースを準備する

　立体作品の授業を行う前に，作品の保管スペースを用意します。図工室内の作り付けの棚だけでは足りないので，スチールラックを利用したり，高さのない棚には収納スペースが増えるように板を置くなどして棚板を付け足したりします。それでもスペースが足りない場合は，折りたたみの長机を使います。学校によっては，廊下に作品保管用のスペースや保管専用の部屋がありますが，本校の図工室は教室外にスペースがないので，どうしても入りきらなかったり，作品展に向けて一定期間保管が必要だったりする場合には教具室などの一角に置くこともあります。

②回収，配付がしやすい保管方法の工夫をする

　授業の最後には，一人一人が材料を袋に入れて名前を書きます。クラスごとに箱を用意し，その中に袋をどんどん入れていきます。袋に入りきらない板などがある

ときはグループごとに集め，それをクラスごとにしまっておきます。製作途中の作品はクラスごとに棚や長机に保管します。軽い作品や吊り下げられるものは図工室に張ってある針金に吊り下げて保管することもあります。粘土や小さな作品のときは，長い木の板を用意して子供たちがその上に置きます。作品の並んだ木の板を教師が保管の棚まで一度に運ぶことができ，片付けるのも配るのもスムーズになります。子供が自分の作品を見付けやすくするために，保管中の作品にはクラスごとに色を変えた紙や，ビニールテープで名前を付けることもあります。

　授業はじめに，グループで集めた材料はグループに配り，個人の材料は教室内の机にランダムに並べて置き，子供たちが自分の材料を探して持っていきます。棚に置いた作品も取りに行きます。製作の時間が長くなるように，スムーズに授業の準備ができるようにしたいと思っています。

　また，子供たちは棚に置かれたお互いの作品を見ています。他のクラスの作品を見ながら，自分の表現に生かす子供もいます。　　　　　　　　　　（森本　睦）

作品保管

作品やプリントを状態よく効率的に保管するスキル

POINT
❶作品を保護する
❷プリント類を効率的に回収・配付する
❸学年と連携して作品の保管や持ち帰りをする

①作品を保護する

　長期間作品を保管するときには，平面作品は日光によって褪色してしまったり，立体作品には埃がついてしまったりします。そのため，子供たちの作品の状態を守るための対策が必要になってきます。

　平面作品の光による褪色を避けるためには，新聞紙などで作品の表面をカバーし，日が当たりにくく風通しのよい場所に置いておきます。立体作品に付く埃などを防ぐには，作品をビニール袋や段ボール箱に入れることもあります。立体作品も日光に焼けないように置き場所に気を付けます。

②プリント類を効率的に回収・配付する

　長い時間をかける題材のときには，時間ごとに自分の活動を振り返ることができるようにプリントを用意しています。授業の最後の5分で振り返りを記入します。教師は一人一人のできたこと，困っていること，次に目指していることなどを把握することができます。次の授業のときにスムー

ズに配付するため，プリントはグループごとに回収します。また，プリント類や材料など，グループごとにファイルやカゴに集めて保管する方法もあります。子供たちの活動の時間を少しでも増やすために，プリントの保管の方法にも気を配っています。題材が終わって成績を付ける頃になると，グループごとの保管から出席番号の保管に変えることもあります。

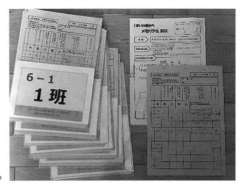

③学年と連携して作品の保管や持ち帰りをする

　どんなに工夫しても，図工室に作品を置くスペースがなくなる場合があります。子供たちが十分に活動できるスペースを用意するために，途中作品を教室や学年のフロアで保管することもあります。紙袋などに入れて教室に持ち帰り，また次の授業のときに持ってきます。図工専科の先生は学年やクラスの担任の先生との協力も必要です。

　また，出来上がった作品は早めに持ち帰らせるように心がけています。作品をつくり上げてすぐの一番思い入れが強い状態で家に持ち帰り，家の方と作品について話ができたらと思います。ですが，「校内で展示したいな」「何か作品展に出品するかも」などと考え，学校に置いておきたくなったり，「教室に持っていったら置く場所がないだろうな…」「今日は荷物が多いかもしれない…」と考えたりしているうちに，返すタイミングを失うこともあります。迷うときは，学年の担任の先生方と相談することも大切です。

（森本　　睦）

図工室経営

図工室の環境を整えるスキル

> **POINT**
> ❶材料や用具，資料等を，使いやすく保管する
> ❷机の配置を工夫する

　子供たちの造形活動を，より充実したものにしていくための一つの要素として，活動する環境を整えるということが挙げられます。豊かな造形活動を展開していくためには，材料や用具が整えられていること，授業に必要な資料等が整理されていること，子供たち同士がいい感じに影響し合い，思い付いたことを表現しやすい環境が整っていることが大切です。

①材料や用具，資料等を，使いやすく保管する

　立体や工作等に使える様々な種類の材料は，種類別に箱に入れ，ラベリングをしておくと便利です。高学年で多種の材料を使う場合，いろいろな材料を箱ごと提示することもあります。また，平面作品に必要な紙類は，紙類だけで，まとめて保管しておくと便利です。なお，のこぎりや刃物等の危

険な用具は，基本的に準備室に保管し，授業で使うときのみ子供たちの前に出すとよいでしょう。

授業に必要な資料やワークシート等は，題材別にひとまとまりにしておき，学年ごとに，棚や引き出しに保管することをおすすめします。そうすることにより，指導者が題材全体を把握しやすくなり，準備がスムーズに進むのはもちろん，資料が整理され，一つの題材のブラッシュアップにつながります。

②机の配置を工夫する

　図画工作は，子供がものを操作したり，見たりしながら，自分の中に生まれるイメージを表現し，伝え合う授業です。ですから，もの（材料）を中心に，友達と自然に関わり合える環境を整えていくことが大切です。例えば，材料を置く机を教室の真ん中に，子供たちの机をその周りに囲むように配置すると，どの子も材料をとりやすく，お互いの活動や作品を自然に見ることができます。そうすることにより，表現と鑑賞が関連し，資質・能力がより一層育成されます。

(雨宮　玄)

図工室経営

安全な図工室をつくる ルールづくりのスキル

POINT
❶ 安心して安全に表現するためのルールを徹底する
❷ 活動が終わった後の過ごし方を伝える

　図工室では，それぞれの子供の表現を保障してあげることがとても重要です。そのために，安心して安全に表現活動に取り組むための，基本的なルールを決め，徹底し，浸透させていく必要があります。

①安心して安全に表現するためのルールを徹底する

> 安心……周りの友達や作品を傷付けてはいけないことを伝える

　いろいろな子供たちが一緒に造形活動をするので，活動中にふざけてしまい，友達の作品に手を加えてしまったり，「何それ？　変なの」といった傷付くような言葉を，ぽつりと言ってしまったりすることがあります。これらのことは，された側，言われた側にしてみれば，嫌な気分になったり，自信をなくしてしまったりと，のびのびと試しながら，思い付いたことを表現する活動の妨げになってしまいます。一人一人のその子らしい表現を保障してあげるには，このようなことはあってはいけません。ですから，友達やその作品を決して傷付けてはいけないことを，年度のはじめに約束事としてしっかり伝え，ことあるごとに理由も含め，丁寧に伝えていくことが大切です。

| 安全……用具の正しい扱い方を徹底させる |

　子供たちは，様々な用具の使い方に慣れてくると，できることが増え，表現の幅が広がっていきます。用具に慣れさせるためには，使う機会を増やすことと同時に，正しい使い方・扱い方を指導徹底する必要があります。特に刃物などの材料を切る用具については，用具の基本的な使い方や扱い方は，何度も繰り返し確認しながら指導するように心がけましょう。また，用具に慣れてきた頃に一番怪我が多くなることも，指導者として頭に入れておくとよいでしょう。

②活動が終わった後の過ごし方を伝える

　子供たちの活動の進度は様々です。特に早く終わってしまった子供に，残りの時間をどのように過ごさせるかといったことは頭を悩ませることの一つではないでしょうか。題材によっては，「終わってしまったらもう１枚かいていいよ」とか，「もう１つつくっていいよ」と言うことができるものもあります。しかし，全ての題材がそうではありませんし，子供にしてみたら，「一生懸命つくったので何かほかの楽しいことをやりたい」と思っている場合も少なくありません。そのようなときは，例えば，自由に使える紙や木っ端を集めておいて，終わった子は自分がつくりたいものを自由につくることができるようにしておくと，子供は喜んで残り時間を過ごすことができます。ちなみに，ここで用意する紙は，印刷室で裁断されたときに出る，あまりの様々な形の紙で充分です。むしろその方が，子供たちが喜ぶことが多いように思います。

（雨宮　玄）

図工室経営

感性の働く図工室をつくるスキル

> **POINT**
> ❶掲示物を工夫する
> ❷豊かな造形活動を行うために大切なことを掲げる

　図工の時間，子供たちは材料やテーマなどから自分なりに感じ，考え，試しながら，つくり，つくりかえ，またつくっていきます。その充実した活動を支える要素として，造形活動を外側から包み込み，感性をくすぐるような視覚的な環境を整えることと，子供たちの全ての造形活動を貫くような大切な言葉を掲げることが挙げられると思います。

❶掲示物を工夫する

　子供たちが造形活動の中で見せる真剣なまなざし，できたときの笑顔，生き生きとした表情や姿などの写真を掲示することで，図画工作の魅力を感じてもらい，造形活動に対しての意欲を高めていきます。

　子供たちは日々様々なものに囲まれて生活しています。図工室では世の中にある様々な造形的なものに触れながら活動してほしいので、本校の図工室では、教室の一角を、国内外の子供や作家の作品、展覧会の案内や雑誌の切り抜き、授業中子供がかいた絵など、子供の感性をくすぐるようなものを掲示するスペースにしています。この前に立ち、じっと掲示物に見入る子供の姿をよく見かけます。

②豊かな造形活動を行うために大切なことを掲げる

　本校の図工室では、子供たちがのびのびと充実した造形活動を展開していくために必要だと思われる5つのことを掲げ、教室の後ろに掲示しています。

  ・夢中になろう（楽しすぎて時間がたつのを忘れちゃう）
  ・自分で見つけよう（面白い、きれい、美しい、すごい）
  ・遊ぶようにつくろう（力をぬいてのびのびと）
  ・つくり、つくり変えよう（失敗してもいいんです）
  ・工夫をしよう（もっと満足できるように）

　この5つのことは、私が図工専科になり、日々子供たちの造形活動を見てきて、大事だなと思うことです。毎年、年度のはじめに、各学年にこの5つの話をします。

(雨宮　玄)

おわりに

「どうして切るんですか?」

 教師になって1年目,紙を大小になるように半分に切って,それをまるめて「親子」をつくる授業で,紙を子供に見せながら「まず紙を切ります」と言って切ってみせました。そのとき,とても張り切って授業に臨んでくれていた子供が元気よく手を挙げて,にこにこしながら「先生,どうして,切るんですか?」と私に聞いたのです。「どうやって」ではなく「なぜ」と聞いたのです。

 想定外の質問に,頭が真っ白になった私。とっさに「どうしてだろうねえ」とその子に返してしまいました。その子も「ね」という感じでうなずき,会場は笑いに包まれ,授業はそのまま進みました。しかし,「これから教師としてやっていくのだけど,私大丈夫かな」と思うと同時に,「どうして私は子供たちに紙を切らせるのかな?」「指導ってどういうことなのかな?」と考えたことは強く心に残っています。ちなみに,そのときの撮影してもらったビデオは,いまだに見る勇気がありません。

 図画工作科の時間は,子供とともに教師が成長する時間です。図画工作科の時間は様々なドラマが生まれます。そして,その都度考えます。指導のスキルはそのような時間の中で身に付きます。

 ご執筆いただいた先生方には,様々なドラマの中で身に付いた図画工作科の指導のスキルのポイントを丁寧にご紹介いただきました。ありがとうございました。

 本書を読んでいただいた先生方も,きっと,それぞれの先生方ならではのポイントをおもちだと思います。それを大切にしつつ,本書を授業改善の参考にしていただけることを心より願っています。

 2019年3月

岡田 京子

【執筆者一覧】

岡田　京子	文部科学省教科調査官
廣田　和人	埼玉大学教育学部附属小学校
森　裕二郎	徳島県佐那河内村立佐那河内小学校
坂井　政信	富山県富山市立古沢小学校
中村　珠世	北海道教育大学附属札幌小学校
神野　恭一	山形県山形市立第六小学校
福島　裕美	群馬県前橋市立永明小学校
髙橋　雅子	大阪府守口市立庭窪小学校
笠本　健太	神奈川県横浜市立西寺尾小学校
川口　倫代	京都府京都市立梅津小学校
荒木　宣彦	京都府京都市立藤ノ森小学校
宮内　愛	東京都中野区立平和の森小学校
中野　和幸	佐賀大学教育学部附属小学校
有川　貴子	静岡大学教育学部附属浜松小学校
落合　慶子	兵庫県神戸市立西脇小学校
長阪　浩倫	静岡県藤枝市立葉梨小学校
森本　睦	兵庫県神戸市立小束山小学校
雨宮　玄	東京都あきる野市立東秋留小学校

【編著者紹介】

岡田　京子（おかだ　きょうこ）
国立教育政策研究所教育課程研究センター教育課程調査官
文部科学省初等中等教育局教育課程課教科調査官
文化庁参事官（芸術文化担当）付教科調査官

東京都公立小学校教諭，主任教諭を経て，平成23年より現職。
平成20年告示小学校学習指導要領解説図画工作編作成協力者。
平成29年告示小学校学習指導要領作成に携わる。

小学校図工　指導スキル大全

| 2019年4月初版第1刷刊 | ©編著者 | 岡　田　京　子 |
| 2023年7月初版第4刷刊 | 発行者 | 藤　原　光　政 |

発行所　明治図書出版株式会社
http://www.meijitosho.co.jp
（企画）小松由梨香（校正）高梨　修
〒114-0023　東京都北区滝野川7-46-1
振替00160-5-151318　電話03(5907)6701
ご注文窓口　電話03(5907)6668

＊検印省略　　組版所　株式会社木元省美堂

本書の無断コピーは，著作権・出版権にふれます。ご注意ください。

Printed in Japan　　ISBN978-4-18-393322-5

もれなくクーポンがもらえる！読者アンケートはこちらから